Grands-parents débutants

Caroline Cotinaud

FIRST
ÉDITIONS

À mon amie « Mumrose »

Grands-parents débutants

ISBN 978-2-412-03382-1
Dépôt légal : janvier 2018
Imprimé en Espagne
Mise en page intérieure : Istria
Illustrations de couverture et intérieur : Nathalie Jomard

Éditions First, un département d'Édi8
12, avenue d'Italie
75013 Paris – France
Tél. : 01 44 16 09 00
Fax : 01 44 16 09 01
e-mail : firstinfo@efirst.com
Site internet : www.editionsfirst.fr

Sommaire

Introduction

Bienvenue dans la « modern attitioude » !

De plus en plus jeunes, beaux et pêchus, les nouveaux grands-parents ne jouent plus exactement le même rôle que ceux d'avant, au temps où l'ordinateur n'existait pas, où une layette ne s'imaginait pas autrement que rose ou bleue, tricotée main. Ce rôle « en or » n'est peut-être plus exactement celui que vous imaginiez, mais soyez sûrs qu'il va drôlement vous emballer !

Grands-parents du XXIe siècle, empressez-vous de ranger avec attendrissement sur le disque dur de vos souvenirs tous ceux que vous conserviez de vos grands-parents, à vous. Les fées, Pinocchio, les roudoudous, les Meccano, les cols Claudine et les goûters du jeudi qui bercèrent votre enfance : c'est fini, fichu, terminé. Désormais, de bons grands-parents se formatent dans un fast-food ou devant une console de jeu, les Papys troquent leurs souliers impeccablement cirés contre des Converse et les Mamys laissent dans la penderie leur chemisier de soie sauvage et arborent fièrement un T-shirt.

Cela ne veut pourtant pas dire que votre rôle en est moins essentiel : il est différent, tout simplement, et quand je vous dis différent, c'est fondamentalement différent ! Mais vous-mêmes, ressemblez-vous aux grands-parents d'antan ? Qu'y a-t-il de commun entre vous et votre Mémé toute mignonne recroquevillée dans son paletot tricoté main ou votre Pépé qui vous rebattait les oreilles avec ses souvenirs d'ancien combattant tout en bourrant une bonne vieille pipe de tabac gris ? Depuis eux jusqu'à vous, il s'en est passé des choses.

D'abord, vous êtes plus jeunes ou, en tout cas, vous faites plus jeunes. Vos enfants, les journaux, votre médecin et la terre entière vous encouragent à faire du sport, à entretenir vos neurones, à manger, boire, penser d'jeuns et, si cela ne suffit pas, à affronter la table d'opération pour un rajeunissement de l'extrême. C'est simple : vous voudriez vieillir tranquillement que vous ne le pourriez plus.

Ensuite, vous menez une vie active et ce n'est pas parce que vous êtes « officiellement » à la retraite que vous passez votre temps* :

• Devant la télé	oui	non
• À dormir	oui	non
• À faire des mots croisés	oui	non
• À manger	oui	non
• À cultiver le potager	oui	non
• À cancaner avec les voisines	oui	non
• À tricoter	oui	non
• À jouer au Scrabble®	oui	non
• À vous ennuyer	oui	non

Femmes et hommes dynamiques, vous sortez, voyagez, vous intéressez à mille choses et possédez toujours un fort potentiel d'enthousiasme et de joie de vivre, que les médias découvrent éberlués, comme si, à partir de 50 ans, le tonus, la sexualité et la curiosité devaient glisser vers le néant.

Mais surtout, et ça n'a pas été le plus facile, vous avez appris à vous servir d'un ordinateur, puis à surfer sur le Net. Aujourd'hui vous possédez un smartphone, une Wii, un bluetooth, et vous savez ce que veulent dire « chat » « blog » « bug ». Dieu soit loué, vous êtes sauvés du naufrage, car, à l'instar de la blanquette, les enfants boudent les grands-parents « à l'ancienne ». Pourtant, s'il vous semble parfois nécessaire de leur inculquer certaines des valeurs que vous enseignèrent les vôtres, sachez qu'il va falloir adapter vos méthodes, votre vocabulaire, vos habitudes cultu-

* Ceci est un test. Si vous avez plus de 4 oui, méfiez-vous... risque de dérapage vers une voie de garage !

relles et vestimentaires à leur univers, en faisant très attention aux limites à ne pas dépasser ou aux erreurs qui risqueraient de distendre le lien merveilleux qui ne demande qu'à se tisser entre eux et vous. Par exemple, ne vous déguisez jamais, pour leur plaire, en « keum » cool ou en « meuf » branchée, car ça, pour eux, c'est la honte, grave ! Le paradoxe se situe en effet entre la nécessité d'être dans le coup pour dialoguer avec eux sans pour autant pénétrer par effraction dans leur territoire. Pas fastoche, mais vous comprendrez vite ce que je veux dire.

Être grands-parents est un art en or, et même Victor Hugo, qui fut un mari exécrable, un amant difficile et un père excessif devint, à ce qu'il en dit et écrivit, un grand-père exemplaire. Le déclic d'amour fou pour ce petit être sorti d'un autre ventre est parfaitement imprévisible et incontrôlable. Vous pouvez avoir été les plus grands fêtards de la terre, des aventuriers du bout du monde ou de paisibles employés de mairie, vous serez tous égaux au-dessus du berceau : gâteux, et ce gâtisme aveugle s'amplifiera d'année en année, se teintant tour à tour d'attendrissement, de fierté, d'admiration et de jubilation au moindre de ses faits et gestes. Sachez que cet enfant a besoin de vous. Non pas pour l'élever puisque ses parents vont s'en charger, mais pour lui apporter ce que précisément ses parents, murés dans leur rôle d'éducateurs, leur carrière professionnelle et les crédits en cours, ne peuvent lui offrir : la tolérance, le temps disponible, les choses qu'il ne fait que chez vous, les confidences qu'il ne fait qu'à vous, la permission de braver des interdits et la fierté d'être votre Petit Roi ou votre Petite Reine avec autorisation de caprices et cadeaux à gogo. Cet espace d'amour gaga lui est nécessaire pour peaufiner son ego, dont on ne dit pas assez combien il est vulnérable dans l'enfance.

Du temps de Cro-Magnon, il n'y avait pas de grands-parents, et pour cause : l'espérance de vie étant alors à son niveau le plus pessimiste, ils mouraient tous trop jeunes pour avoir le temps de faire sauter des bambins sur leurs genoux cagneux et velus ! On peut donc en déduire que l'art d'être grands-parents n'est pas inné. C'est un acquis évolutif, transmis de génération en génération et modulable en fonction des époques traversées. Ainsi, la comtesse de Ségur et ses minauderies ampoulées n'ont rien à voir avec vous qui ne ressemblez pas non plus à la Mamy de l'an 3000. Ah, je donnerais cher pour voir à quoi elle ressemblera, celle-là !

Tout ça pour dire que les grands-parents ont un rôle délicieux et, à moins d'impérieuses ou graves nécessités, ils sont essentiellement là pour câliner, papouiller, complimenter et gâter. La vie se chargera suffisamment tôt d'apprendre à nos petits anges qu'il y a aussi la violence et la misère. En amour, tout ce qui est pris n'est plus à prendre ! Repensez-y lorsque vous l'aurez dans vos bras, blotti contre vous sur le canapé et qu'il vous demandera de lui raconter pour la onzième fois l'histoire de la petite poule bleue. À un moment, il retirera le pouce de son bec et, baignant comme vous dans une bulle de douceur, il vous dira : « Tu sais, ze t'aime fort... » Attention à ne pas fondre de bonheur, ça fait des marques sur la moquette...

Alors bon courage pour toutes ces premières fois de Papy zé Mamy que vous allez découvrir et bienvenue dans un monde peuplé de super héros, ce qu'il ne tient qu'à vous de devenir dans leur cœur pour votre plus grand bonheur.

Signé Mamy Cœur : la Mamy de Max

Acte 1

Les classes préparatoires

Voici neuf mois qui s'annoncent intenses en émotions, à vivre, si possible, dans la sérénité en entourant la future maman d'autant d'attentions que vous pourrez. Après, la star sera ce petit bouchon d'amour, le plus beau du monde, pour lequel, un jour (ou un soir), vous devrez réapprendre la puériculture !

« Allô Maman, tu sais quoi ?... »

C'est un jour béni par les dieux de la Fécondité, mais il commence tôt !

Les filles font toujours leur test de grossesse avec le premier pipi, ce qui est conseillé sur la notice d'utilisation, et généralement le dimanche vers 7 heures du matin. Pourquoi si tôt ? Parce qu'elles ont besoin de la solitude et du calme oisif de l'heure à laquelle tout le monde dort encore pour se présenter seules face à une réponse qui pourrait bien provoquer la plus immense émotion de leur vie. Elles restent ensuite un long moment assises sur les waters à contempler, incrédules, le bâtonnet blanc messager de tant de bouleversements.

Vous dormiez donc, d'autant mieux et profondément que vos amis étaient restés tard hier soir, lorsque le téléphone a déchiré sauvagement votre paisible sommeil. Vous vous dressez hagards en pensant aussitôt à votre vieille Maman qui n'en peut plus de vivre. Mais non, c'est la voix survoltée de votre fille qui ne vous a pas habitués à de tels débordements, surtout à une heure pareille !

« Maman, Papa, vous savez quoi ? »
« Non », dites-vous en vous grattant la gorge.
« Je suis enceinte, ça y est, j'attends un bébé, je viens de faire le test. »

Franchement, vous ne vous y attendiez pas, enfin pas là, tout de suite, à cette heure, et surtout votre fi-fille adorée chérie est encore si petite à 25 ans ! L'onde de choc vous statufie tous les deux dans votre lit, mais il faut vite réagir, car on piaffe à l'autre bout de la ligne.

« C'est merveilleux ! Tu es bien sûre au moins ? Et qu'en dit le futur Papa ? »
« Il dort encore. Je lui annoncerai au moment du p'tit déj. Oh vous ne pouvez pas savoir comme je suis heureuse. Bon allez, on se rappelle dans la journée. Je vous bise très fort, les futurs Pépé et Mémé… »

Soyons honnêtes : tout le monde ne saute pas de joie dans les premières minutes. Vous, futurs grands-parents qui êtes aussi un père et une mère, vous réalisez à cet instant précis que votre enfant vous échappe à tout jamais, s'en allant de lui-même vers son destin d'adulte.

Et puis, disons-le, ce Ludovic avec lequel elle vivait depuis deux ans n'était pas le géniteur dont vous rêviez pour vos petits-enfants. Maintenant, il entre dans la famille par la porte sacrée de la paternité, et là, camembert… on ne dit plus rien même en pensée sur sa dégaine, sa nonchalance et son boulot de troisième assistant d'un soi-disant photographe célèbre.

Quant à vous faire appeler Pépé et Mémé, même pour rire, à moins que vous y teniez vraiment par tradition familiale, il va falloir arrêter ça tout de suite. Je vous l'ai déjà dit, cette époque est révolue, et puis ça fait moche, et puis ça fait vieux !

Si vous êtes les futurs ex-possesseurs d'un fils, la façon dont il vous annoncera la grossesse de votre belle-fille sera plus mesurée. Les garçons exultent rarement dans ces moments-là et leur bonheur intérieur s'exprime progressivement. S'il est facétieux, attendez-vous à une bonne grosse blague à la fin d'un repas dominical.

La plus classique : **« Il va falloir te remettre au tricot ma petite Maman, et toi, Papa, tu as intérêt à entretenir ta forme : ça va groover ici bientôt… »**

Un introverti préférera glisser son message derrière la fameuse pub d'un célèbre café. Quant au fils dont nous rêvons toutes et tous, il vous invitera à déjeuner dans un bon petit restaurant et vous annoncera joliment la nouvelle avec des fleurs pour Mamy et des chocolats pour Papy. Une fois l'information avalée et digérée, place à l'allégresse et à l'explosion de votre forfait week-end puisque vous allez appeler la Terre entière en sirotant du champagne !

Quelle que soit la méthode employée par les futurs jeunes parents, ce qui compte désormais plus que tout mesure 2,5 mm et va vous apporter tellement de bonheur que vous ne pouvez même pas l'imaginer !

Spécial Papy

Bien qu'aussi heureux, vous serez sans doute moins démonstratif, et aussi moins bouleversé dans votre système hormonal. Je m'explique : au-delà de l'aspect affectif, devenir grand-mère n'est pas anodin pour une femme, qui peut alors craindre de voir son pouvoir de séduction et sa féminité vaciller. Rien de tel que son jules d'abord, puis le modèle des amies ayant déjà franchi le pas pour apaiser les inquiétudes et transmettre leur expérience et leur enthousiasme.

Tiens, il me vient une idée : pourquoi ne pas lui faire un joli cadeau de Papy zà Mamy pour marquer le coup...

Classes préparatoires niveau 1

Ô Ventre, unique objet de votre adoration !

Ne demandez jamais à un futur grand-père de s'extasier sur le ventre d'une femme enceinte, même (voire surtout) s'il s'agit de celui de sa fille. À la rigueur, il fera une petite remarque étonnée du genre « tu es sûre qu'elle n'attend pas des jumeaux ? » lorsque la future Maman offrira à son regard incrédule la silhouette qui a transformé sa Princesse petit pois en une masse difforme et claudicante.

La Mamy, en revanche, peut s'en donner à cœur joie. D'ailleurs, si par hasard, elle n'était pas du genre à s'extasier ou à s'attendrir, le Ventre se rappellerait à son attention et exigerait une sollicitude de tous les instants. Du 2e au 9e mois, il s'auto-proclamera centre du monde. Alors que vous ne receviez auparavant que des appels épisodiques, à partir de maintenant vous en aurez plusieurs par jour et pourrez suivre en direct les nausées, les envies, les cernes, la crainte des vergetures, les brûlures d'estomac, les seins qui font mal, et tout. Alors forcément, petit à petit, vous ne quitterez plus ni des yeux ni du cœur ce petit ventre en train de fabriquer les plus beaux yeux, les plus jolies mains, les plus adorables fessounes de la planète !

Les conseils de Mamy Cœur

Si vos enfants ont décidé de garder secrets le sexe et le futur prénom de leur bébé, je sais, ça va vous énerver mais n'insistez pas. Ils marquent ainsi le territoire de la famille qu'ils sont en train de fonder et, si proches d'eux puissiez-vous être, il leur est nécessaire de s'isoler dans leur bulle.

Vous voudrez, bien sûr, participer à l'installation de la chambre. Là encore, attention : ne soyez ni débordants ni envahissants. Ne vous ruez pas dans un magasin pour tout y acheter, sauf si le jeune couple est vraiment fauché. Le berceau, par exemple, est un important sujet de conversation, parfois de polémique, et à moins qu'il existe un berceau familial dans lequel ont vagi tous les bébés depuis plusieurs générations, laissez-leur le soin de le choisir et même de l'acheter si c'est leur volonté. Cela participe également de leur construction. Rassurez-vous ; vous ne manquerez pas d'occasions de défouler votre exaltation acheteuse dans les vingt prochaines années…

Ah, autre chose : je vous déconseille fortement de commencer une layette sauf si vous vous sentez capable de tricoter des brassières et des petits chaussons noirs avec des têtes de mort dessus infiniment plus tendance que le bleu ou le rose avec des petits anges brodés.

Classes préparatoires niveau 2

Ce n'est pas parce que c'est le vôtre, mais…

L'affolement est à son comble. « La petite » a eu des contractions, elle est partie à la clinique, vous ne pouvez pas joindre votre mari qui a la voiture, vous devez annuler en catastrophe le dîner chez les Martin-Lambert et, bien sûr, vous êtes folle d'inquiétude. Vous finissez par appeler un taxi pour vous ruer là-bas, certaine d'arriver trop tard. Pourtant, lorsque, haletante, vous faites irruption dans la chambre de la future Maman, vous découvrez le jeune couple en train de papoter, comme s'il n'allait rien se passer, ou presque. Il lui tient la main, elle est souriante et votre intrusion échevelée les déconcerte.

« Cool, cool Maman, ne t'affole pas, on gère la situation. »

Et c'est exact. Jamais vous n'auriez pu imaginer qu'un accouchement se préparait maintenant dans une telle sérénité. Tout le monde sourit, de la sage-femme aux infirmières, jusqu'à l'obstétricien, et là, vous constatez qu'il s'est passé pas mal de changements depuis votre propre accouchement...

À l'époque ça hurlait et ça souffrait malgré la préparation dite sans douleur. La zénitude n'existait encore ni au Tibet ni dans les maternités où l'on entendait les sages-femmes crier encore plus fort que les parturientes pour leur donner des instructions : Poussez, poussez, encore, encore, plus fort, non ne poussez plus, on vous dit de ne plus pousser, madame... Respirez, bloquez, allez-y, stop..., qui rappelleront pas mal de souvenirs aux lectrices. Le silence revenait enfin après le premier cri du bébé lorsqu'il reposait gluant et verdâtre mais si doux sur le ventre martyrisé.

Aujourd'hui grâce à la péridurale on peut mettre son enfant au monde avec le sourire, ce qui doit terriblement contrarier le misogyne auteur d'un commandement célèbre, resté dans toutes les mémoires et surtout dans celle des femmes : « Tu enfanteras dans la douleur. »

Lorsque vous aurez enfin le droit de découvrir votre petit-enfant, il dormira tout propret dans sa coque en plastique près de ses parents radieux. Il sera tout rougeaud, tout chiffonné, il ressemblera à un vilain Schtroumpf grimaçant, enfin bref, il sera le plus beau bébé que vous ayez jamais vu et ce n'est pas parce que c'est le vôtre... D'ailleurs les infirmières vous confirmeront que c'est, de loin, le plus mignon de la clinique. Ces adorables menteuses disent la même chose dans toutes les chambres...

Les conseils de Mamy Cœur

Les jeunes parents et leurs copains sont dingues de photos numériques, mais vous, même s'ils se moquent, sortez votre vieille caméra vidéo et abusez-en. Cet instant unique a besoin de son et de mouvement. Quand le bébé sera plus grand, il ne se lassera pas de se regarder et votre petite famille revivra ces moments avec émotion et attendrissement.

Et pour clôturer cette journée, partez bras dessus bras dessous avec le nouveau Papy et allez fêter ça tous les deux en amoureux, car une nouvelle vie de Papy zé Mamy commence pour vous aussi. Vous le remarquerez tout au long de ce livre, je ne perdrai pas une occasion de vous pousser à « fêter ça » avec le Papy. Rien de tel dans un vieux couple que l'arrivée d'un petit-enfant pour redonner des sujets de conversation et faire briller les yeux. Après, c'est à vous de voir...

Classes préparatoires niveau 3

Premières fois, premiers secours

La période qui suit la naissance n'est pas la plus facile ni pour la Maman, ni pour la Maman de la Maman, c'est-à-dire vous, la Mamy, pièce maîtresse dans la gestion du stress qui accompagne le retour à la maison.

Mais là je dis : **attention, tout dans la finesse !** Pas question de la jouer « Madame je sais tout » ou de ricaner sottement devant la maladresse de la jeune mère, fatiguée et désemparée. Rassurante, vigilante mais pas encombrante, vous devez rasséréner la jeune Maman terrifiée par le premier reflux et lui suggérer des solutions pour tous les petits soucis qui accompagnent l'arrivée d'un premier bébé. Votre expérience, c'est le moment de l'utiliser – même si vous avez perdu la main, depuis le temps !

Et puis survient le jour où, préoccupée par la mine de déterrés des jeunes parents, vous leur proposez de garder le bébé pendant un week-end afin qu'ils se reposent. En fait, vous voulez surtout pouponner et, sans le dire, en prendre possession parce qu'il est aussi un peu le vôtre, après tout ! Ils ne se le font pas dire deux fois et la perspective d'une grasse matinée balaye le déchirement et la culpabilité qu'ils ressentent à l'idée de se séparer de la chair de leur chair.

Ils débarquent donc un samedi. Vous ouvrez la porte, et là, autant vous prévenir : vous n'allez pas en croire vos yeux. Il y a sur le palier :

- un berceau pliant ;
- une valisette pour les vêtements ;
- un panier bourré à craquer avec le lait, l'eau, le chauffe-biberon, le Babyphone, les peluches... ;
- un sac pour les produits de toilette ;
- des couches ;
- une poussette ;
- un couffin avec, dedans, devinez quoi : le bébé.

Mais ce n'est pas tout. Il y a aussi la liste ! Elle fait généralement deux pages, qui en disent long non seulement sur les tâches à accomplir mais aussi sur le niveau de confiance que vous attribuent les parents...

« Surtout tu fais ceci, surtout tu ne fais pas cela, surtout tu lui fais faire son rot, surtout tu vérifies qu'il respire normalement, s'il a des gaz, surtout tu lui donnes ça, tu fais attention à la température du biberon, à celle du bain... »

« Mais non, espèces d'andouilles, je vais faire exprès de lui ébouillanter la langue et puis après je le laisserai nager tout seul dans sa baignoire, et s'il pleure, je le collerai dans son

couffin et je fermerai la porte pour ne pas être dérangée par ses hurlements pendant que je regarderai "Questions pour un champion". »

C'est donc avec votre air pincé que vous les poussez vers la sortie en leur rappelant que vous avez élevé deux enfants et que, jusqu'à preuve du contraire, ils ne s'en sont pas mal sortis... Les adieux sont déchirants, la mère est au bord des larmes et le père ne peut s'empêcher d'en rajouter une couche en vous quittant :

« On vous le confie... mais s'il y a quoi que ce soit, surtout appelez-nous, on laissera les deux portables allumés, même la nuit. Vous vous en occuperez bien, hein ? »

Allez ouste, dehors ! À peine la porte refermée, vous vous précipitez vers le bébé, et là, enfin tranquillement, vous le contemplez dans son sommeil tout en vous repassant en boucle et *in petto* la phrase que toutes les grands-mères du monde ressassent au-dessus du berceau :

« Mon Dieu, comme il est mignon, regardez-moi ça, un vrai petit ange, c'est tout le portrait de sa mère (ou de son père) à cet âge ! »

Il est à vous jusqu'à demain et vous allez déguster chacun de ces précieux instants, mais pour l'heure, il vous faut organiser son séjour et installer le matériel. C'est alors que déjà se dresse la première difficulté : l'installation du berceau pliant. Quand vous ouvrez un côté, c'est l'autre qui se bloque, et quand vous débloquez ce côté-là, c'est l'autre qui se coince. Papy est appelé à la rescousse et vous parvenez enfin à coordonner vos mouvements pour fixer la structure métallique en vous assurant qu'elle ne risque pas de se refermer brusquement sur le bébé.

Les conseils de Mamy Cœur

Évidemment, vous allez installer le berceau dans votre chambre et vous aurez raison. Bien qu'un Babyphone, dans lequel vous n'avez qu'une confiance relative, vous ait été fourni par les parents, vous savez d'avance que vous ne dormirez pas une minute si vous ne l'avez pas près de vous. Trop peur qu'il arrive quoi que ce soit : ce n'est pas rien de garder son petit-enfant la première nuit !

Prévenez à l'avance Jules le labrador ou Minini la chatte qu'ils seront bannis de la chambre, à cause des poils, de la jalousie, des griffes et Dieu sait quel autre danger. Pour être très franche, je n'ai personnellement pas eu le cœur de faire cela à mes animaux, mais j'ai pris des risques et j'en ai honte.

Notes

Acte 2

Un rôle
côté jardin, côté mer,
côté piscine et côté cœur !

Depuis sa naissance, vous avez le sentiment que cet enfant, qui est un peu le vôtre, grandit sous surveillance. Pas facile de l'approcher quand son père et sa mère sont dans les parages ! Et puis vient le temps béni des vacances.
Qu'elles soient courtes ou grandes, vous allez l'avoir pour vous, et ouf… sans les parents. Ces moments seront intenses en découvertes et en complicité. On prétend même qu'ils seraient idéaux pour lui fabriquer de merveilleux souvenirs d'enfance, et combler ses grands-parents, totalement épuisés mais totalement heureux.
Vive les vacances !

Les vacances de l'Unaccompanied Minors

Devant la porte du garage, les parents sont en larmes, le petit a le menton qui tremble, et vous, vous n'êtes pas loin de leur dire sèchement que ce n'est quand même pas une tragédie de confier un enfant à ses grands-parents pour quinze jours de vacances. La voiture est bourrée de tous ses jouets de proximité (doudou, crayons de couleurs, lecteur de DVD, Playmobil, Barbie, etc.). Dans la glacière il y a de l'eau, les smoothies qu'il aime, des sandwichs au fromage mou, ses biscuits préférés, des yaourts sans morceaux, et, au cas où cela ne suffirait pas, jambon, cuisse de poulet et compote de pommes ont été prévus en dépannage.

Le grand jour du départ en vacances est arrivé, celui que vous attendiez tant, car vous allez enfin avoir votre petit-enfant à vous, rien qu'à vous, pendant deux longues et belles semaines. Pour l'occasion, vous avez fait les choses en grand et, comme certains grands-parents qui ont une bonne petite retraite, vous avez décidé de vous offrir la location d'une maison avec piscine « parce que le petit va adorer » et que vous n'êtes pas mécontents de montrer à ses parents qu'avec leurs grands airs de « je fais tout mieux que tout le monde », ils n'ont quand même pas encore les moyens d'en offrir une à leur gamin. Eux !

Le voyage

Oh, qu'il est long le chemin qui mène au fin fond du petit village de la Drôme quand, sur la banquette arrière, un enfant a soif, faim, n'aime pas ces DVD-là, ne sait pas quoi dessiner, s'ennuie, veut savoir quand on arrive une heure après le départ, réclame Maman, a mal au cœur, a envie de faire pipi, puis caca, mais n'a jamais sommeil !

Les conseils de Mamy Cœur

Surtout ne vous énervez pas: il n'y a que les parents qui ont le droit de crier sur leur enfant. Bienveillance et patience doivent devenir votre seconde nature. La choupinette ou le petit chou a besoin d'installer sa relation avec vous, fondée, dès le départ, sur une large domination du plus faible sur le plus fort: Papy zé Mamy, vous êtes marrons, sachez-le! Donc, lorsqu'il vous semble qu'il a épuisé toutes ses ressources, que vous sentez le torticolis vous gagner à force de vous retourner mais que vous avez conservé votre calme, s'il persiste, arrêtez-vous sur une aire de repos. Faites une petite promenade main dans la main, improvisez un mini-pique-nique rigolo par terre avec les doigts, cueillez avec lui des brins d'herbe pour les envoyer à Maman quand on sera arrivés, puis remontez dans la voiture dans la joie et la bonne humeur. En principe, il devrait s'endormir. Sinon, cramponnez-vous. Après tout la Drôme, ce n'est pas si loin...

Déterminant: le 1er jour de vacances

Mais avant le 1er jour, il y a la 1re nuit; celle que vous allez passer dans une maison inconnue avec un enfant qui n'a plus aucun de ses repères à part son doudou et dont vous voyez l'anxiété s'accroître avec la tombée de la nuit. Vous êtes son seul refuge. Qu'allez-vous faire?

Les conseils de Mamy Cœur

Il ne faut surtout pas que cette 1re nuit traumatise l'enfant. Plutôt que de le mettre au lit tout seul dans sa chambre, puis de l'entendre vous appeler, puis pleurer, puis hurler, ANTICIPEZ ! Je sais, c'est un mauvais conseil, mais prenez-le dans votre lit sans attendre les premiers signaux de détresse. Dites-lui que pour ce 1er soir, vous étiez trop fatigués pour installer sa chambre et que vous ferez cela ensemble demain matin. Alors, demandez-lui comme une faveur s'il accepterait exceptionnellement de dormir entre vous deux, même si Papynou ronfle un peu. Il ne se le fera pas dire deux fois, mais grand seigneur, il condescendra à faire cet effort… Demain, après une 1re journée passée dans la piscine, il y a fort à parier qu'il ne demandera pas son compte au moment du dodo et que vous n'aurez qu'à le porter, déjà endormi, dans son lit à lui.

J'ai inventé la potion magique des soirs d'insomnie à confectionner en cachette : faites une petite boule de mie de pain que vous roulez dans du chocolat en poudre. Donnez-la-lui le plus sérieusement du monde à absorber en lui disant qu'il s'agit de la pilule magique qui fait faire de beaux rêves aux enfants ; l'effet placebo n'est pas une illusion, vous verrez !

Donc les vacances commencent.

Les siennes, pas les vôtres, car de l'instant où il ouvrira ses beaux yeux à celui où il les fermera lourdement, sachez que vous n'aurez pas une seconde de répit.

Vous l'avez voulu, vous l'avez eu, et vous vous reposerez après, c'est-à-dire, pendant les onze longs mois et demi qui vous attendent au retour des vacances. Puisque vous avez eu la chance de pouvoir louer la maison avec piscine, croyez-moi, vous allez l'amortir ! Il n'y a que cela qui va compter pour lui jusqu'à la dernière minute du séjour. Cela dit, tout autre point d'eau (mer, lac, rivière) aura le même attrait ; le bonheur d'un enfant étant de sauter dans l'eau, 1 fois, 2 fois, 1498 fois par jour et même de nuit s'il en a la permission...

Vous les grands-parents, à tour de rôle, resterez vissés face au bassin, les yeux rivés sur l'enfant jusqu'à frôler l'exophtalmie, priant avant chaque plongeon pour qu'il ne glisse pas, ne se fracasse pas la tête sur le rebord, ne fasse pas une hydrocution au fond, ne soit pas aspiré par le steamer, etc. Après de vigoureuses protestations, il finira par accepter de porter le harnachement anti-noyade dont vous l'aurez équipé et qui garantirait la flottaison d'un porte-avion : brassards, bouée et maillot avec flotteurs incorporés.

Les conseils de Mamy Cœur

Le maillot avec flotteurs, particulièrement inesthétique, est pourtant la seule protection à retenir. Les bouées canard, crocodile, Flipper le Dauphin et autres ne sont que des jouets d'appoint qu'il ne faut surtout pas prendre pour des garants de sa sécurité.

Méfiez-vous des otites. Il est fréquent que les enfants en souffrent en piscine ; nettoyez bien les oreilles chaque soir afin que l'eau ne stagne pas. Quant à la protection solaire aquarésistante, elle est obligatoire, et plusieurs fois par jour en cas de grand soleil !

À la plage

Si vos vacances se déroulent au bord de la mer, alors, grands-parents, commencez votre entraînement de sherpas dès le mois de mars ! Les seaux, les pelles, les râteaux, le sac à coquillages, le parasol, les serviettes de bain, les maillots de rechange, les crèmes protectrices, les goûters et les boissons ne constituent qu'une petite partie de la liste des indispensables que vous aurez à porter 4 fois par jour pour descendre, monter, redescendre et remonter de la plage. C'est une dure épreuve, surtout si vous avez choisi la dunette la plus éloignée pour avoir un peu de tranquillité.

Une fois installés – évitez, s'il vous plaît, de transformer votre parasol en séchoir à linge, ça fait moche sur les plages –, oubliez immédiatement les bains de soleil, yeux fermés et sourire béat, ou alors à tour de rôle. Un enfant, surtout quand c'est le vôtre, ne se quitte pas des yeux un millième de seconde, qu'il soit dans l'eau ou sur le sable.

Les conseils de Mamy Cœur

Si la plage est bondée, même s'il rouspète, achetez-lui un bob ou une casquette de couleur vive. Cela vous aidera à le repérer, mais s'il vous arrive (et cela se produira au moins une fois) de le perdre de vue, ne vous laissez pas submerger par la panique. Serrez les dents et cherchez-le calmement, oui je sais, c'est facile à dire, mais l'affolement brouillerait l'acuité de votre vision. Une fois récupérée la prunelle de vos yeux, surtout pas de fessée ! Vous pensez bien qu'il ne l'a fait ni par méchanceté ni par malice. Il jouait, c'est tout ! C'est à vous d'être vigilants, pas à lui !

À la campagne

Ne cherchez pas à retrouver avec votre petit-enfant les souvenirs que vous avez conservés de vos vacances à vous chez Pépé et Mémé. À la campagne, il n'y a plus les mêmes odeurs ni les mêmes bruits ni les mêmes coutumes. Inutile de préparer de belles tartines de confiture ou de miel pour le goûter : le pot géant de Nutella® est un produit de première nécessité de 2 à 22 ans. N'espérez pas non plus lui faire constituer un herbier comme celui que vous aimiez tant et qui doit encore traîner dans une vieille malle.

En revanche, un lecteur de DVD, ou une PlayStation, branché sur le vieux téléviseur du salon sera d'un grand secours sauf si celui-ci est en noir et blanc ! L'organisation de chasses au trésor reste une valeur sûre, qui pourra même, si vous êtes doués, vous être réclamée tous les jours... Mais il faudra donner de votre personne : inventer des questions, aller les cacher tôt le matin quand tout le monde dort, accompagner les enfants qui partent au galop dans tous les sens et enfin écouter les péripéties des uns et des autres tout en pensant à la prochaine course... du lendemain !

Les conseils de Mamy Cœur

Je vais vous dire une chose qui va vous déstabiliser : à moins que vous ne soyez les grands-parents d'un futur virtuose qui passe ses journées sur son violon ou d'une géniale mathématicienne en herbe qui compte, additionne et multiplie tout ce qu'elle croise, ne vous battez pas contre la télé. C'est une bataille perdue d'avance. Les enfants ne peuvent plus vivre sans elle. La leur interdire ou les empêcher de regarder les émissions dont ils ont l'habitude chez leurs parents, qui, pas fous, ont renoncé depuis belle lurette, va gâcher vos vacances, les leurs, et créer une situation conflictuelle permanente.

Ce n'est pas le but de ces vacances. L'idéal est de fixer des règles. OK pour l'émission préférée mais en pyjama, après la douche du soir, en attendant le dîner. OK aussi, bien sûr, si pendant la période des vacances, vous avez envie de vous faire tous ensemble une soirée télé devant un programme « familial ». Quant à la PlayStation®, c'est une fois par jour, et plutôt que de porter la lourde responsabilité de l'obliger à s'arrêter, achetez un minuteur qui sonnera le glas au bout de soixante minutes et sera l'unique objet de son ressentiment...

Je veux ma Maman !

Si tendres et gâteux puissiez-vous être avec votre petit-enfant, attendez-vous à prendre ça dans les dents un beau matin ou plus probablement un beau soir, à l'heure des câlins. Ne vous en formalisez pas : ce n'est pas qu'il soit mal avec vous, mais sa Maman lui est aussi nécessaire que l'air qu'il respire. Son Papa également, mais c'est toujours la Maman qui est citée en premier.

Si vous voulez (et vous le voulez) que cette séparation se passe aussi bien que possible, il faut qu'il sache qu'il peut joindre l'un ou l'autre de ses parents quand il le veut. Il appellera 10 fois par jour au début des vacances, puis, comme par magie, les appels s'espaceront surtout si, entre-temps, il s'est fait de nouveaux copains et copines.

Les repas

Vous allez en baver, car pour des grands-parents, l'alimentation d'un petit-enfant est une obsession. Rien n'est trop beau pour lui : le foie de veau, la sole, les petits haricots verts sans fil et, lorsqu'il vous est confié occasionnellement en cours d'année, il a droit à ces mets que vous et votre porte-monnaie considérez comme le nec plus ultra mais qu'il chipote du bout des lèvres. En vacances, il faut le nourrir 3 fois par jour et ce n'est pas une mince affaire, car il n'aime rien autant que les pâtes au ketchup, le poulet-mayo et le Nutella® en surcouche sur gâteaux secs. Sans vouloir le forcer à avaler des épinards ou des salsifis, vous chercherez quand même, je vous connais, à varier les aliments pour lui apprendre à manger de tout... Vous risquez même d'en faire le challenge de vos vacances, triomphant à l'avance lorsque ses parents ahuris apprendront qu'il a adoré vos moules marinières.

Pauvres de vous : oubliez ça tout de suite, rêveurs impénitents ! À ce stade, je suis obligée de vous le dire, ce sont les cantines scolaires qui sont les mieux habilitées à varier les repas et en général c'est là que les enfants apprennent à aimer les courgettes et le poisson (pané). Oui, je sais, ça fait mal d'entendre ça, mais c'est la vie des grands-parents d'aujourd'hui ! Consolez-vous en vous disant que ces cantines travaillent avec des diététiciens, que les menus sont parfaitement équilibrés, que les services sanitaires sont extrêmement vigilants et que, pendant les repas, les enfants s'éclatent entre eux.

Les conseils de Mamy Cœur

Si vraiment, vous êtes déterminés à profiter des vacances pour lui faire manger vos plats, livrez-vous à l'impensable : le concours du « gros cochon », qui consiste à déterminer qui, de lui ou de vous, ses respectables grands-parents, mange le plus salement. Il va adorer. Ses parents beaucoup moins au retour, mais après tout chacun se débrouille comme il peut. Je vous garantis des résultats spectaculaires.

Ce concours se déroulera obligatoirement en extérieur, sur une nappe en plastique, avec de la vaisselle incassable et un tuyau d'arrosage à proximité. Les dégâts peuvent être considérables !

Les jeux *indoor*

En vacances, les jeux de société n'ont pas leur pareil pour tuer quelques heures par temps de pluie. Il existe un jeu adapté à chaque âge, mais il vous faudra attendre au moins ses 12 ans pour commencer à ne plus compter les mouches au plafond ou à vous assoupir en attendant la fin de la partie. L'étape Monopoly® ou Cluedo® est la pire, bien qu'ils aient modernisé la formule. Si vous vous faites piéger par la console de jeux, sachez que vous risquez d'adorer ça, et alors, tant pis pour vous, car il y a menace d'addiction... Mais vous êtes des adultes responsables, n'est-ce pas ?

Il convient aussi que vous acceptiez l'idée que les générations actuelles ont beaucoup évolué faute ou grâce à la télé et aux modes éducatifs. Le jeu de l'oie et les dominos n'ont plus grande chance de les amuser. En revanche le poker, oui ! Branchez-vous rapido sur Canal+ et écoutez attentivement les conseils de Patrick Bruel. Bientôt votre maison de vacances sera une annexe de Vegas, mais qu'est-ce qu'il sera content, le petit...

Les jeux *outdoor*

Selon leur âge, il vous faudra adapter leurs jeux de plein air, non pas en fonction de vos goûts mais, évidemment, en fonction des leurs. Si vous avez un petit-fils, il y a de fortes chances, enfin si l'on peut dire, pour que le foot soit une matière obligatoire. D'où l'intérêt de conserver une bonne forme physique, car vous devrez shooter dans le ballon jusqu'à épuisement (le sien, pas le vôtre) ; autant vous dire que ça peut durer longtemps !

Bien qu'une tendance commence à se dessiner en faveur du foot chez les filles, en principe ce sera plutôt élastique ou marelle, ce qui est aussi totalement épuisant. Le golf miniature et le ping-pong restent des grands classiques auxquels vous n'échapperez pas. Quant au skate ou aux rollers, un conseil : évitez. Je ne voudrais pas être alarmiste mais une fracture du col du fémur est vite arrivée !

Les conseils de Mamy Cœur

Pour les jeux de société dedans ou dehors, il faut absolument que vous lui trouviez sur place l'indispensable petit copain ou petite copine si vous voulez vous assurer qu'il va passer des vacances « top géniales » et que sa première pensée du matin, après Papa et Maman, sera de retrouver Léopold ou Mirabelle pour reprendre le jeu qu'ils ont inventé la veille.

N'hésitez donc pas à aborder des parents ou des grands-parents aussi consternés que vous de voir leur progéniture errer seule avec son seau et sa pelle ou traînant lamentablement à 10 mètres derrière eux. À quelques rares exceptions, les enfants ne vont pas les uns vers les autres : c'est à vous de donner le coup de pouce déterminant. Y'a pas de honte à s'faire du bien, et vous verrez comme vous serez heureux de l'entendre rire aux éclats, chuchoter des secrets ou vous raconter « comment c'était trop bien aujourd'hui, vous pouvez pas savoir Mamynouche et Papynou ».

L'envers de ce décor idyllique est qu'il vous faudra prévoir de vous retrouver avec deux petits enfants à surveiller, nourrir et coucher au lieu d'un. Très vite, les amis deviendront inséparables et voudront tout faire ensemble, un coup chez l'un, un coup chez l'autre. Acceptez de gaieté de cœur et ne prenez pas l'air pincé en vous disant qu'il n'en a plus rien à faire de vous du moment qu'il s'amuse avec son copain. L'essentiel est qu'il passe de bonnes vacances, non ?

La fin de l'été

Dans un genre différent, le retour de vacances ne sera pas plus facile que l'aller. Passé le gros chagrin de la séparation avec l'ami(e), la dernière caresse au chat des voisins et l'ultime baignade, l'excitation de revoir Papa et Maman prendra le dessus. Et quel dessus ! L'adorable petit bout de chou se transformera en une odieuse pile électrique. Plus de faim ni de soif ni de pipi, ni rien du tout. La seule chose qu'il désirera, toutes les trois à cinq minutes, ce sera de savoir dans combien de temps on arrive.

Il est clair que cela va vous excéder. Déjà que vous êtes à bout de nerfs après avoir fermé la maison, rendu les clés, vérifié si vous n'aviez rien oublié, tout casé dans le coffre, vous avez maintenant, en plus, la désagréable impression que cet enfant, adoré et choyé pendant deux semaines, n'a qu'une hâte : retrouver ses géniteurs sans plus de considération ni de reconnaissance pour vous.

Les conseils de Mamy Cœur

Restez zen et n'allez pas tout gâcher juste maintenant alors que vous avez maintenu le cap contre vents et marée durant toutes les vacances. Pas de gronderies, de gestes un peu vifs, de soupirs excédés, en quelque sorte pas de manifestations de votre rancœur : l'enfant ne se souviendrait que de ça et, à peine sorti de la voiture, il vous dénoncerait comme tortionnaires à ses parents. Mâchez des chewing-gums, ça vous calmera, et pensez au bon petit resto que vous vous ferez en tête à tête, ce soir, avec le Papy sans avoir à dire et redire : « Tiens-toi bien, lève tes coudes, finis ton assiette, as-tu lavé tes mains, non tu ne peux pas te lever de table tant que tu n'as pas mangé ton dessert, oui c'est promis, demain on ira à la fête foraine, non on ne peut pas se baigner ce soir », etc. La fin des vacances a aussi du bon, quand on y pense !

Inévitablement, lorsque vous verrez votre petit-enfant si beau, grandi et tout bronzé, vous échapper pour se jeter dans les bras de ses parents, puis vous dire à peine au revoir d'un baiser distrait : ça va vous faire du mal. Alors, entre petites larmes et pincements au cœur, consolez-vous, car ces deux semaines ont scellé les pierres d'un édifice inébranlable : celui des souvenirs de vacances avec son Papy zé sa Mamy. Ça ne s'oublie jamais et ça fait chaud toute la vie.

Les vacances d'hiver

S'il m'a fallu autant de pages pour évoquer les premières vacances d'été et aborder les principaux cas d'école, il m'en faudra beaucoup moins pour la thématique « premières vacances d'hiver », d'abord parce qu'en général elles durent moins longtemps, et qu'ensuite dans ce paysage neigeux féerique et généralement lénifiant, vous allez vivre un concentré de prise de tête.

Comme tous les grands-parents qui en ont la possibilité, lorsque les parents ne l'ont pas, vous allez en effet proposer d'emmener le petit ou la petite à la montagne, convaincus qu'avec le bon air des cimes, vous viendrez enfin à bout de ses otites, angines et bronchites à répétition, et surtout des antibiotiques qui vont avec. Vous n'aurez pas tort, ça marche souvent très bien. Mais vous : savez-vous à quoi vous vous engagez, vous qui l'année dernière encore dévaliez allègrement les pistes dès 9 heures du matin, déjeuniez libres et bronzés dans les restaurants d'altitude, vous offriez une petite raclette un soir, une tartiflette un autre, et rentriez galvanisés après huit jours de « sport et détente » ?

Avec un petit-enfant de 3, 4 et même 5 ans (après, en général, il a les classes de neige et/ou les parents) vous allez entrer dans un tourbillon démoniaque, rythmé par le zip de sa combinaison que vous passerez votre temps à enlever de peur qu'il ait trop chaud, à remettre de peur qu'il ait trop froid, à re-enlever parce qu'il a envie de faire pipi, et ainsi de suite entre 30 et 50 fois par jour. Mais l'affaire du zip n'est rien : il y a aussi l'excitation de l'enfant sur-dynamisé par l'altitude, sa fatigue, son petit déjeuner, son déjeuner, ses siestes, ses leçons de ski, la luge à traîner, les crêpes au chocolat du goûter qui coulent sur la combinaison, son bain, les dessins animés devant lesquels il s'endort immanquablement avant son dîner, et vous, hébétés, qui, du samedi 12 heures à l'autre samedi 12 heures, n'aurez ni skié, ni bronzé, ni même sans doute respiré.

Les conseils de Mamy Cœur

Sauf si vous avez l'étoffe des héros, attendez tranquillement que votre petit-enfant ait soufflé sa 6e bougie pour assumer ce moment de vie à la neige: à cet âge-là il saura, au moins, enlever et remettre sa combinaison.

Sinon:

- **Exigez (ou achetez) une tenue en deux parties**: salopette + anorak, beaucoup plus facile à adapter aux changements de température que la « combi' une pièce ».
- **Le ski, c'est comme la natation**: si vous sentez qu'il a une appréhension, n'insistez pas. À 3 ou 4 ans cela peut arriver et tout s'arrangera plus tard, généralement avec le Papa.
- **Dès votre arrivée dans la station, trouvez les coordonnées d'un pédiatre**. C'est une sécurité élémentaire en cas de... Mais ne parlons pas de malheur!

Notes

Acte 3

Un superbe rôle câlinou-pédagogique

Il n'y a pas mieux que des Papy zé des Mamy pour créer des repères, apprendre des choses et fabriquer des souvenirs aux petits-enfants. Il convient juste aujourd'hui de revisiter un peu la façon d'en tricoter les mailles pour ne pas ressembler à de vieux radoteurs !

Les repères

Je vous l'ai déjà dit, mais je vous le redis quand même pour être certaine que vous le mémoriserez à tout jamais : vous n'êtes pas là pour « élever » votre petit-fils ou votre petite-fille. Cette tâche incombe à ses parents et, comme vous le savez pour être déjà passés par là, il s'agit d'un travail à temps complet, harassant et ingrat, dont on ne recueille les fruits que bien des années plus tard, en principe ! Votre rôle à vous est infiniment plus subtil et gratifiant puisqu'il consiste à éveiller sa curiosité sans passer pour un vieux schnock, lui apprendre ce que vous savez, lui ouvrir les yeux sur le monde, l'éveiller à la musique, au dessin, enfin à tout ce qui vous semble essentiel au développement de son esprit et de sa sensibilité.

À chacun, bien sûr, ses moyens et ses limites. Tout le monde n'a pas été reçu 1er au concours général, et comme l'on dit : « L'essentiel est de participer. »

Les enfants ont besoin de repères : ça, vous le savez. Mais ce que vous allez peut-être découvrir, c'est qu'il n'y a pas plus observateur qu'eux et que ces repères peuvent être déroutants. Ainsi Mamy, pimpante et toujours tirée à quatre épingles, méfiez-vous du jour où vous allez sortir sans maquillage. Vous aurez droit à une réflexion du genre : « Pourquoi t'as pas fait la grosse bouche toute rouge aujourd'hui ? » Et vous Papy, le jour où vous arborerez une nouvelle paire de lunettes, soyez sûr que l'on vous regardera de travers jusqu'à ce qu'on vous les arrache pour les examiner comme des curiosités incongrues en vous disant que « ça vous fait une tête toute bizarre et qu'on aimait mieux avant ».

Très important aussi, le parfum. Celui de Mamy notamment, car les Papys en mettent moins. Dites-vous que ce parfum s'inscrira à tout jamais dans sa mémoire olfactive. Si c'est un garçon, il lui arrivera même de dire à une femme qu'elle sent comme sa grand-mère, ce qu'à tort elle ne prendra pas forcément pour un compliment alors qu'il s'agira de la plus belle et plus intense déclaration d'amour.

Au chapitre des repères, il y aura également celui de ces matins où le petit-enfant fier comme Artaban partira avec Papy pour l'une de ces inoubliables balades à deux, entre hommes, sur terre, sur mer, en ville, main dans la main, à se raconter des blagues qui font rire et à faire pipi ensemble en faisant un concours de jet. La petite fille aura des complicités plus romantiques mais aussi plus tyranniques avec ce Papy adoré qui bave d'admiration devant elle.

Et le plus fort de tout, l'inégalable repère : le goût des œufs à la neige « de ma grand-mère ». Je cite les œufs à la neige, mais ça peut être toute autre chose du moment que ce dessert a marqué son enfance d'une ponctuation indélébile. Jamais, vous m'entendez, jamais il n'en mangera d'aussi bons ailleurs, alors inutile pour ses futures amoureuses de chercher à rivaliser.

Les conseils de Mamy Cœur

Mettez-vous tout de suite aux œufs à la neige (jetez donc un œil p. 168)... et si vous les décorez de fraises Tagada®, vous courrez au triomphe !

Le goût

(pages réservées à la Mamy, sauf si le Papy s'appelle Guy Savoy...)

Femmes à vos fourneaux, la guerre est déclarée !

Une guerre sans merci, au cours de laquelle devront s'affronter « les spaghettis-ketchup contre le navarin printanier » : ennemis irréductibles depuis deux générations. Et je ne parle pas du McDo qui constitue pour les milliards de kids de la planète le *best of* de la gastronomie sur Terre. Il n'y a que les Mamys pour apprendre à un bout de chou que la nourriture ne se limite pas à un plateau devant la télé avec un bout de pizza décongelée, des saucisses froides trempées dans la mayo ou ces fameux spaghettis-ketchup accompagnés, pour faire repas équilibré, d'une tranche de jambon poly-phosphatée comme le dit Jean-Pierre Coffe et d'une feuille de laitue réhydratée.

Sans doute avons-nous échoué quelque part pour que la transmission se soit si mal passée entre nos filles et nous, à moins que les agences de pub aient été tellement percutantes dans leurs messages pro-malbouffe qu'ils soient parvenus à étouffer dans la cocotte de l'enfance les bonnes odeurs d'un ragoût mijoté ou d'une véritable frite épluchée, coupée et cuite à la maison.

Toujours est-il que, dans les jeunes foyers, le micro-ondes est beaucoup plus utile que la gazinière que vous avez offerte quand ils se sont installés, et si dans les placards de cuisine on ne risque pas de trouver du safran ou de la cardamome, le congélateur, en revanche, regorge de surgelés Picard et de glaces à la noix de pécan. Y'a du boulot, comme on dit, et vous allez devoir ruser pour assurer l'éducation gustative de l'enfant sans passer pour une obsédée de la bouffe aux yeux de ses parents.

Méthodologie anti-malbouffe

- Prenez le repas assis à table et papotez gaiement. Par pitié, à table, fichez-lui la paix avec l'école.
- Bannissez tout rictus ou regard angoissé à l'idée qu'il puisse ne pas finir son assiette, là n'est pas l'essentiel.
- Ne cherchez pas la difficulté : on ne vous demande pas de lui faire aimer les endives braisées ou la tête de veau. L'idée est juste de lui apprendre à apprécier un vrai plat maison et d'élargir le champ de ses perceptions gustatives. Un gratin de coquillettes à la béchamel (mollo sur la noix de muscade !) et au jambon est un excellent début, au même titre qu'une décoration rigolote de petits fagots de haricots verts plantés comme une

forêt dans la neige de la purée, etc. Soyez créative et divertissante pour que le repas soit une source de surprises, de rires et de régalade. À force, il finira par avoir des préférences, et le jour où il vous réclamera « son plat », je parie que vous tomberez de votre chaise !

Les conseils de Mamy Cœur

J'ai personnellement beaucoup donné pour y parvenir et, croyez-moi, je partais de très loin avec une fille qui n'a jamais réussi une mayonnaise en trente-cinq ans et un gendre qui est l'un des rares spécimens végétarien-casher. En guise d'encouragement, je vous précise qu'il m'a fallu attendre dix ans pour savourer mon triomphe lorsque Max m'a fait la liste de TOUT ce qu'il voulait manger pendant ses vacances de Pâques à la maison. Sans doute est-ce la gratifiante conséquence du fait que je ne l'ai jamais forcé mais toujours incité à goûter, que j'ai évité d'agresser ses jeunes papilles avec des goûts prématurés (exemple : raie aux câpres ou chou farci), que mes carottes en bâtonnets dessinaient ses initiales dans l'assiette, que les fruits composaient de jolies salades surmontées d'une boule de glace et de Smarties® et que de temps en temps je lui préparais quand même un vrai hamburger McMaison, comme là-bas, dis !

Quelques bonnes manières

Aujourd'hui, il suffit de prononcer « bonnes manières » pour prendre l'allure disgracieuse d'un australopithèque. Je crois en effet pouvoir affirmer que l'expression n'appartient plus au vocabulaire courant et qu'elle a été reléguée dans un lointain passé, lorsque les petites filles faisaient la révérence tandis que les garçons ôtaient leur casquette pour dire bonjour, au revoir et merci. Oui, c'est bien ça, nous étions à l'âge de pierre ou de bronze, je ne me souviens plus exactement !

Vous allez donc vous livrer à l'apprentissage en douceur de certaines valeurs promises à l'extinction et que vous seuls, les grands-parents, êtes encore en mesure de transmettre, car vous les avez connues de leur vivant. Ces valeurs constituent des règles de vie en famille ou en société qu'il est essentiel de préserver sauf, évidemment, si les prochaines générations sont destinées à n'avoir plus que des écrans d'ordinateur comme interlocuteurs, qui engloutiront leur vie dans le néant du monde virtuel. Mais nous n'en sommes pas là, enfin pas tout de suite !

Pour la 1re des bonnes manières, je choisis la pire des pires à enseigner – on se demande d'ailleurs pourquoi nous y tenons tant puisque l'humanité s'achemine vers des repas devant une télé, exclusivement composés de fast-fooding dans des boîtes en carton recyclable –, je veux parler de la bonne tenue à table, ou plus couramment : « Ludivine, tiens-toi bien s'il te plaît, ou je vais me fâcher. »

Il faut dire, à la décharge de l'enfant, que leurs parents que nous avons saoulés avec cette même phrase, et qui ont quand même fait Sciences-Po, n'ont aucune autorité sur ce plan. Je dirais même qu'ils s'en fichent complètement puisque eux-mêmes sont les rois du plateau télé, qu'ils sont nés en même temps que les pizzas livrées à domicile et que manger à table est considéré comme une perte de temps, sauf chez les potes ou chez les parents.

C'est ainsi qu'après avoir passé la matinée à cuisiner et décoré la table de pâquerettes fraîchement cueillies dans le jardin, lorsque vous avez enfin votre petite famille réunie autour de la table, il se passe les choses suivantes :

- L'enfant est assis sur une seule fesse et boude, car vous avez exigé d'éteindre la télé.
- Il dit « j'ai pas faim » parce qu'il a englouti les trois quarts des Apéricube® et bu trois verres de Champomy®.
- Il a les coudes tellement collés à la table que même Superman, son héros du moment, ne parviendrait pas à les lui décoller.
- Il n'aime pas le gigot. Il n'aime pas les haricots verts. Il n'aime pas quand c'est chaud. Il voudrait des frites. Il voudrait se lever de table. Il chouine et chipote. Il ne mange rien. Vous êtes désespérés. Les parents excédés lui disent d'aller regarder la télé. Vous réprimez un cri d'indignation.
- Vous apportez le dessert : une sublime tarte aux poires bourdaloue, votre spécialité. Vous demandez à l'enfant de revenir à table manger le bon gâteau de Mamy. Il n'aime pas la tarte aux poires bourdaloue. Lui, il veut une glace dans un cornet avec du chocolat au bout. Vous n'en avez pas. Vous êtes à la limite du hululement au fond du jardin, à la lisière de la forêt.

Comme vous pouvez le constater, votre mission, si vous l'acceptez, va être rude ! L'objectif est de familiariser votre petit-enfant avec ce drôle de meuble qu'est une table entourée de chaises, de l'y asseoir confortablement sur ses deux fesses, de lui apprendre à manger avec de véritables couverts plutôt qu'avec les doigts, à ne pas engouffrer la nourriture lorsque, par hasard, il l'aime, à se tenir droit, à ne pas poser les coudes, à ne pas se vautrer dans son assiette mais plutôt monter la fourchette jusqu'à la bouche pour avaler sa bouchée, à demander la permission de se lever de table et – mais là c'est en option – à ne rien laisser dans son assiette sans qu'on lui redise chaque fois « c'est parce-qu'il-faut-penser-aux-petits-enfants-pauvres-qui-n'ont–rien-à-manger » : cet argument ne marche pas avec des adultes, alors vous pensez, avec des enfants...

Les conseils de Mamy Cœur

Ne cédez pas même si on lève les yeux au ciel ou que l'on commence à pleurnicher. Pensez à lui dans vingt ans et à la réputation de la famille, s'il invite au restaurant une jeune fille bien élevée et qu'il se tient comme un porc. N'évoquons même pas l'inverse, c'est-à-dire la honte suprême de votre petite-fille se comportant comme une truie devant un prince du sang (car c'est le moins que vous puissiez espérer pour cette pure merveille…). « Patience et longueur de temps font plus que force ni que rage »*, et vous énerver à force de répéter « tiens-toi bien » serait du pire effet pour vos chakras.

J'ai un truc : les bons points, oui, comme ceux de votre enfance, à distribuer en cas de repas sans faute. À 10 bons points il y a récompense. Croyez-moi, ça marche du tonnerre.

La 2e bonne manière s'appelle « politesse » et il me semble, vous me dites si je me trompe, que là encore les parents y attachent moins d'importance que vous sauf pour les incontournables merci, bonjour, s'il te plaît et au revoir. Ils ne voient ni n'entendent leur petit trésor grimper avec ses chaussures dégoûtantes sur le canapé, hurler pour avoir encore des biscuits, tirer les poils du chien, se mettre les doigts dans le nez, marmonner des gros mots, hausser les épaules quand on lui parle, dire à la dame qu'elle est « caca boudin », enfin bref, tous ces comportements d'enfant mal élevé que les grandes personnes détestent.

Ah non, votre petit-enfant ne sera pas comme ça et vous retroussez déjà vos manches pour vous mettre au travail. Mais comment vous le dire sans vous faire de peine ? Vous ne

* Jean de La Fontaine, natif de Château-Thierry, ma ville préférée sur toute la terre.

parviendrez pas à en faire un enfant modèle et c'est tant mieux, car il n'y a rien de plus antipathique que les petits singes savants et maniérés, trop polis pour être honnêtes et que l'on finit par avoir envie de baffer. Si vous tenez vraiment à parfaire son éducation, tentez le coup en lui expliquant calmement que l'on ne fait pas ceci ou cela avec ses amis ou devant les grandes personnes. Sauf en cas d'impolitesse intolérable, considérez ses excès comme les signes d'une personnalité à canaliser mais pas à réprimer ni à sermonner constamment. L'essentiel n'est pas qu'il déplaise à vos voisins mais que son épanouissement passe par des comportements sociaux qui ont une seule véritable limite : le respect des autres.

Plutôt que de lui seriner des mantras, considérez que votre bon exemple influera sur son comportement. Soyez vous-mêmes « bien élevés » avec lui et avec les autres, attentionnés, apaisants, créez une atmosphère harmonieuse et rassurante, et vous verrez votre petit bonhomme ou votre petite bonne femme adoucir son comportement et lisser naturellement, à votre contact, les aspérités de sa jeune personnalité.

Les conseils de Mamy Cœur

On ne vantera jamais assez les vertus des histoires. Si, par exemple, au lieu de le prendre à part pour le gronder parce qu'il a été franchement odieux, vous attendez d'être seul avec lui et lui racontez une histoire dans laquelle un personnage se comporte comme il l'a fait lui-même, quitte à en exagérer le trait, vous serez beaucoup plus percutant et la leçon portera ses fruits.

Quelques valeurs

Une certaine idée de sa famille

À force de vouloir « être dans le coup », des grands-parents d'aujourd'hui ne remplissent plus la mission de transmission qu'eux seuls pourtant sont en mesure d'assurer. Ainsi, on rencontre couramment des enfants de 7-8 ans qui n'ont jamais vu leur arbre généalogique, ignorent l'existence de leurs arrière-arrière-grands-parents, ne savent pas où se situent leur pays natal sur la carte du monde et leur ville sur la carte du pays. Des enfants qui ignorent leurs origines, et ça, c'est une lacune à combler d'urgence, surtout en ces temps de mixité et de mondialisation.

La famille, oui, ça existe encore et il faut s'y accrocher même s'il lui arrive de plus en plus souvent de partir en vrille : elle reste une valeur refuge. Un enfant doit savoir très tôt qu'il appartient à une vraie famille et qu'il en est l'un des maillons essentiels.

Papy zé Mamy, à vos grimoires, car vous avez là une importance capitale. C'est à vous qu'incombe le rôle magnifique de lui raconter la belle histoire de ses origines, du métier du Pépé qu'il n'a pas connu, des chapeaux à plume de l'arrière-Mémé dont on a conservé quelques clichés jaunis, de l'étymologie de son nom patronymique et des héros familiaux, s'il y en a. C'est à vous de dessiner son arbre généalogique afin de lui apprendre ce que signifient véritablement des mots comme ascendance, descendance et lien du sang. Et enfin, c'est à vous de l'emmener visiter le village et la maison de votre propre enfance, ainsi que celle de son Papa ou de sa Maman pour lui permettre de concrétiser ce passé peut-être un peu flou tant qu'il n'a pas vu le jardin ou la petite église où vous jouiez à son âge.

Les racines qui poussent durant l'enfance sont indestructibles et relient à des valeurs précieuses et uniques qui maintiendront les adultes plus à l'aise dans leurs baskets, la vie durant. Avoir la chance de posséder une famille, d'en connaître l'histoire et les péripéties est à coup sûr la source de l'équilibre même si certains mouvements de vie le fragilisent. Ce rôle superbe de transmission mérite que vous lui consacriez du temps en recherches, démarches et visites. Et qui vous dit que vous n'apprendrez pas des choses vous aussi ?

Les conseils de Mamy Cœur

Certes, tout cela est passionnant, mais souvenez-vous que vous vous adressez à un petit-enfant et que son admiration pour les faits d'armes de l'arrière-grand-oncle Albert en 14-18 ne sera jamais aussi intense que celle qu'il voue aux grimpettes de Spiderman en haut de l'Empire State Building ou à l'entrée au bal de Barbie en robe de princesse.

Lorsque vous lui raconterez l'histoire de sa famille, ne soyez ni didactiques ni ennuyeux. Émaillez vos récits de dessins, d'objets, de photos, de poèmes ou de chansonnettes qui viendront illustrer et concrétiser ce passé si lointain pour lui ! Faites également des découpages par épisodes, ménagez un petit suspens et stimulez sa curiosité pour que cette belle histoire ne se transforme pas en *pensum*.

Une certaine idée de son pays natal

Un jour viendra, dans pas très longtemps, où l'Europe aura réussi son coup. Déjà les monnaies ont disparu (je rappelle que 1 euro est égal à 6,50 francs et que la conversion n'est pas facile tous les jours à partir d'un certain âge...), viendra ensuite le tour des langues, des traditions, puis rois, reines, batailles et révolutions se confondront dans la grande histoire européenne. C'en sera fini de celle de son pays natal. Alors Papy zé Mamy, aux z'armes citoyens... après l'histoire de sa famille, passez à l'histoire de son pays. Parce qu'un pays c'est une famille en plus grand !

Peut-être, sûrement même, dans quelques années, lorsque le petit sera devenu grand, sillonnera-t-il le monde, fera-t-il ses études ou sa carrière à l'étranger, et ce sera merveilleux pour sa vision planétaire, mais grâce à vous, il aura aussi appris, très tôt, que son propre pays n'est pas de la gnognotte non plus. Les valeurs de la France ne se résument pas à un coup de rouge même millésimé et à un camembert coulant. Faites rêver vos petits-enfants avec nos rois et nos reines de France, nos batailles, nos révolutions, nos châteaux et notre munificence « à la française », franchement plus éblouissants que les prouesses de l'OM ou les minauderies de Hello Kitty® (non ?).

Les conseils de Mamy Cœur

On ne vous demande pas de préparer une agrégation d'histoire mais simplement, et ça ne vous fera pas de mal à vous non plus, de vous replonger un tout petit peu dans un livre d'histoire et de lui en conter les plus beaux chapitres. Mais s'il vous plaît : faites-le dans l'ordre chronologique ! Rien n'a été pire pour la compréhension de l'histoire que l'enseignement morcelé par périodes en fonction des classes de l'élève. J'en connais qui ne sont jamais parvenus à faire le lien entre la Révolution, l'Empire et la Restauration... mais qui les en blâmerait ?

Une certaine idée de la religion

Faisons bref sur ce sujet toujours délicat. De deux choses l'une : soit l'enfant naît avec la religion de ses parents (quand ils ont la même tous les deux) et le problème est réglé puisqu'ils se chargeront de son éducation religieuse, soit il naît sans religion, car ses parents n'en ont pas et vous non plus d'ailleurs, soit, et cela devient compliqué, il naît le cul entre deux chaises de parents de religions différentes. Alors là, ne vous mêlez de rien !

Bien qu'on ne me demande pas mon avis sur la question, je le donne quand même : je trouve qu'une religion, quelle qu'elle soit, apporte de bonnes bases à une jeune âme en quête d'idéal, mais point trop n'en faut ! Les bigots et les fanatiques font peur maintenant, et qui voudrait de ces dérives pour son petit-fils ou sa petite-fille ?

Je vous propose donc de laisser vos enfants et vos petits-enfants se débrouiller avec la religion mais de toujours répondre « PRÉSENTS » lorsque l'on viendra vous demander un conseil ou une explication, et bien entendu lors des cérémonies qui jalonneront son parcours de jeune catholique, protestant, juif, musulman, orthodoxe (ou autre ?), à part la circoncision religieuse, franchement intolérable pour des vieux cœurs de Papy zé de Mamy et pour laquelle, si nécessaire, vous aurez droit à un mot d'excuse.

Une idée certaine des animaux

Je pourrais être intarissable sur le chapitre des animaux : je les aime tant ! Consciente cependant que tout le monde ne partage pas mon émerveillement attendri et parfois excessif pour l'époustouflante socialisation des fourmis, les fesses débonnaires des hippopotames et les yeux dégoulinants d'amour de mon basset-hound, je vais essayer d'être mesurée.

Vous devez absolument apprendre à vos petits-enfants à aimer les animaux. Tous les animaux ? Oui, tous, même les araignées et les serpents aussi admirables, et finalement plus utiles dans leur mission au sein de la nature, que Minouchat le chat ou Julot le chien vautrés sur leur coussin. Un enfant qui aime les animaux est un enfant qui les respecte et se comporte avec eux en ami et non comme un odieux petit dominant avec toutes les dérives et les cruautés dont peut déjà être capable le petit d'homme. Commencez par le familiariser avec des petites bêtes rassurantes comme les papillons, les coccinelles et les reinettes, puis, petit à petit, au parc, à la campagne, dans les zoos, racontez-lui la vie d'animaux plus lointains, inaccessibles. Là encore, faites rêver : il y a de quoi !

Les conseils de Mamy Cœur

Tout le monde ayant eu un jour ou l'autre un moment d'égarement, il vous le sera pardonné, mais ce n'est pas le moment de sortir le manteau de vison ou l'écharpe en agneau de Mongolie ! J'ai personnellement dû affronter le regard méprisant et indigné de Max devant une veste en poil de je ne dirai pas quoi. J'ai mesuré le poids de mon incohérence devant cet enfant auquel j'interdisais de tuer le moindre insecte par amour des animaux...

Une certaine idée des choses que vous savez, mais revisitées

Forcément, en cinquante ou soixante ans de vie, vous avez dû en apprendre, des choses ! Alors, le moment est venu de faire le tri et de restituer le meilleur de vous-mêmes à la merveilleuse petite créature si fière de savoir et de faire comme « les grands ». Vous n'imaginez sans doute pas à quel point ce que vous lui apprendrez la marquera tout au long de son existence.

La preuve ? Regardez en vous et autour de vous ; combien de fois avez-vous entendu ou prononcé cette phrase : « Ça, c'est ma grand-mère qui me l'a appris quand j'étais petite », ou « Tiens, j'ai l'impression de nous revoir Papy et moi quand il m'apprenait à planter un clou ». La jeunesse a beau vouloir casser les codes familiaux et sociaux, elle reste profondément attachée à son enfance et à ceux qui l'ont enrichie de leur savoir et de leur expérience. Que Mamy apprenne le point mousse à sa petite-fille ou que Papy enseigne la menuiserie à son petit-fils, l'aquarelle, la batterie, les maquettes de bateau ou de maisons de poupée, la pêche à la mouche ou la musique : tout ce savoir constitue la meilleure nourriture qui soit pour ces petits dévoreurs de connaissances dont nous devons être les grands-parents nourriciers.

Loin de moi l'idée de dire que les parents ne remplissent pas ce rôle, mais il se trouve qu'eux se consacrent plutôt au savoir du moment : celui qui est lié à leur génération, tels la bande dessinée, le cinoche, les rollers, les parcs d'attractions qui permettent de partager les mêmes loisirs et les mêmes amusements en famille. Et puis, ils aiment bien l'idée que les grands-parents laissent leur empreinte un peu surannée. Ne serait-ce que pour se moquer d'eux gentiment...

Papy zé Mamy des villes ou des champs

L'erreur serait de penser que selon qu'ils vivent à la ville ou à la campagne les grands-parents sont différents. Cela pouvait être vrai dans l'ancien temps, lorsque les « Parigots têtes de veau » et « les bouseux têtes de bœufs » existaient encore et se méprisaient réciproquement. Mais de nos jours, quelle différence y a-t-il vraiment entre des commerçants lyonnais, des agriculteurs picards, des fonctionnaires parisiens et des vignerons bordelais ?

À part l'accent, les chaussures (parce qu'on a moins besoin de bottines en nubuck pour vendanger que pour tenir une galerie d'art) et la mine plus ou moins avenante (parce que les travaux des champs donnent plus d'espace à l'esprit pour vagabonder que la ligne de métro n° 1 à 18 h 30). Tout le monde regarde les mêmes infos à la télé, surfe sur Internet et les grandes surfaces vendent des produits identiques. Tout le monde ressemble à tout le monde. Enfin presque...

Car il reste un domaine unique et fondamental qui n'appartient qu'aux Papy zé Mamy de campagne : la nature. C'est à eux, et à eux seuls, qu'incombera le rôle de la faire découvrir et aimer à leurs petits-enfants, surtout lorsqu'ils vivent en ville avec leurs parents. L'amour de la nature sera la clé magique qui les aidera à pénétrer au cœur du merveilleux ou du palpable, de l'éphémère ou de l'éternel, de la fragilité ou de la cruauté, du délicieux ou du vénéneux, c'est-à-dire au plus profond et au plus authentique de toutes les valeurs contradictoires qu'ils rencontreront dans leur propre vie. Mais attention, il ne devra s'agir que de découvertes plaisir : vous ne serez pas obligés de citer Darwin dans le texte ni de vous lancer à tout bout de champ dans des leçons de choses fastidieuses. Que vous soyez à la tête d'hectares ou d'un lopin de terre, vous trouverez toujours de quoi éveiller la curiosité et alimenter l'impatience d'un petit-enfant.

L'important est de l'impliquer, de lui donner des responsabilités afin de lui démontrer que même à 3 ans, il a son rôle à jouer. Partez vous promener avec lui dans le jardin, le potager ou les champs et montrez, expliquez, goûtez, sentez, saupoudrez vos gestes de magie afin de l'émouvoir et le fasciner. On a vu de sacrés petits diables et diablesses accroupis des heures devant une fourmilière, ou bien, le doigt sur les lèvres pour vous enjoindre au silence, épiant la merlette qui revient au nid pour nourrir ses petits, impatients et braillards !

Les conseils de Mamy Cœur

Dès qu'il sera capable de tenir un râteau et une pelle, investissez dans l'avenir et offrez-lui son « bébé potager » en plantant au beau milieu – c'est très important – un piquet à son nom. Aidez-le à planter, à arroser, à surveiller et à récolter. Vous jubilerez devant sa fierté lorsqu'il apportera à table la carotte, le radis ou la fraise qu'il fait pousser, lui tout seul, comme un grand. Le miracle de la nature maîtrisé par ses menottes : quelle découverte et quel pouvoir !

Mais, me direz-vous, et nous, en ville, on fait comment ? Pas question d'accepter que vos éternels rivaux, je veux dire les grands-parents « de l'autre côté », prennent l'avantage sur vous pour peu qu'ils habitent à la campagne !

Il faut pourtant l'envisager à moins que vous-mêmes disposiez d'un balcon sur lequel vous lui installerez sa petite jardinière. De toute façon, je serais plutôt tentée de vous dire : à chacun ses compétences, et la ville regorge de trésors à lui faire découvrir si vous-mêmes savez les regarder. Les monuments illuminés, les vitrines de Noël, les quartiers de la vieille ville avec leurs drôles de maisons tarabiscotées, les expositions de peintures (mais oui, dès leur plus jeune âge, certaines d'entre elles peuvent les intéresser), les musiciens des rues et du métro, les terrasses de café pour regarder les gens et compter les moustachus, les oiseaux et les fleurs dans les jardins publics, les balades en tramway ou en bus à impériale, toutes ces choses qui, si l'on sait les enrober d'un peu de merveilleux pour les leur raconter, constituent des moments forts de leur découverte du vaste monde.

Notes

Acte 4

Un rôle supercalifragilistic-expialidocious

Vous êtes commis d'office en qualité de « gardiens magiques de la tradition », et c'est à vous qu'échoie la mission de lui fabriquer rêves et souvenirs de ses Noëls, de ses anniversaires et de toutes ces fêtes qui jalonneront son enfance et le rassureront sur l'amour dont il est entouré.

Votre part de magie dans un monde de brutes

Peut-être avez-vous entendu, comme moi, un matin à la radio cette phrase dont vous ne devinerez jamais l'auteur: « Moi, mes petits-enfants, je suis là pour les gâter, pas pour les éduquer. »

Ce personnage rugueux, qui a bourlingué sa vie de rocker depuis quarante ans et que l'on imagine plus facilement attendri par une Harley-Davidson ou une bouteille de Gin que par une ribambelle de choupinettes à califourchon sur ses genoux, oui ce personnage-là devenait soudain un Papy Gâteau de la plus belle espèce, complice et attendri devant ses petits-enfants, manifestement pourris-gâtés par lui. Et je vous invite à faire comme lui*. Oui, je sais, c'est immoral: on dit qu'il ne faut pas trop gâter les enfants, qu'il faut leur apprendre que tout se mérite et que la vie se conquiert à la force du poignet, mais moi, je vous affirme que le bonheur, le rêve, la magie, c'est dans l'enfance qu'il faut les emmagasiner pour plus tard, quand le vent des réalités viendra secouer durement l'arbre fragile des illusions.

Alors en piste, Papy zé Mamy, pour le tourbillon des Noëls, des anniversaires et de toutes les occasions possibles et imaginables de faire la fête avec les petits. Ce n'est pas forcément une question d'argent, rassurez-vous, mais plutôt d'imagination et d'amour. J'ai connu, par exemple, un Papy archi-fauché qui avait confectionné tour à tour pour chacun de ses trois petits-enfants, à l'occasion de leur anniversaire de 10 ans, une caisse à trésors munie d'un cadenas dont ils recevaient la clé en grande pompe. Dedans, en plus d'un petit billet ou d'une modeste pièce, se trouvaient pêle-mêle les véritables trésors de la vie tels que le grand-père voulait que son petit-fils ou ses petites-filles les perçoivent: un galet ou un coquillage ramassés ensemble sur une plage, un échantillon du parfum de la Mamy décédée, une carte du monde pour choisir le voyage de ses rêves, une boîte à musique… enfin

* Lui, c'est Eddy Mitchell.

bref, un tas d'objets sans valeur réelle, sinon celle des souvenirs et des projets que le grand-père et l'enfant avaient à partager. Ces trésors avaient un effet magique, car même si l'enfant espérait un cadeau d'un autre genre, celui-ci le captivait. D'ailleurs il le rangeait aussitôt à part, à l'abri, comme un secret !

Les Noëls

Les Noëls sont à coup sûr les événements les plus marquants de son enfance. Je vous conseille de leur consacrer tous vos talents de magiciens. Souvenez-vous de votre propre enfance et de votre émerveillement devant le sapin illuminé à l'époque avec de vraies bougies, les cadeaux dans vos petites chaussures, l'odeur de la dinde, la famille réunie : que du bonheur !

À votre tour de confectionner ces souvenirs indélébiles, sachant toutefois que de nos jours les enfants sont beaucoup plus difficiles à émerveiller que de notre temps où la poupée Bleuette ou le Meccano nous faisaient grimper tout droit au paradis. Il va falloir vous surpasser pour faire inoubliable sans pour autant devoir contracter un emprunt chez Cofinoga.

Pour commencer, débrouillez-vous pour que le soir de Noël se déroule chez vous. Oui je sais, il y a les sports d'hiver et les autres grands-parents, mais peut-être pouvez-vous appâter et parvenir à convaincre tout le monde que vous et Papy avez tout votre temps devant vous pour préparer un Noël du tonnerre ! En général les parents du petit ou de la petite sont assez d'accord ne serait-ce que pour échapper à la corvée de cuisson d'une énorme dinde dans leur petit micro-ondes. La maison, le balcon ou la fenêtre doivent briller de tous leurs feux. Ne mégotez pas sur la guirlande lumineuse qui éblouit le petit-enfant dès son arrivée. N'oubliez pas les standards de Noël : Nat King Cole, Sinatra, Tino Rossi et Judy Garland doivent être de la fête ! Je suis personnellement partisane de distribuer les cadeaux le soir même dans la douce euphorie de la nuit de Noël plutôt que le lendemain matin au lever des enfants. En général les parents ont fêté le réveillon, ils ont la gueule de bois, dorment debout et installent à tâtons les piles nécessaires à la mise en route de la plupart des joujoux mais rarement fournies.

Si vous êtes des grands-parents frais émoulus et si vous voulez à tout prix offrir quelque chose au bébé de 3 mois, investissez dans du papier cadeau brillant et crissant. Il adore ! Au-delà de 2 ans, il est clair que Papy va devoir mettre sa barbe blanche et endosser la belle houppelande rouge bordée de coton hydrophile que lui aura confectionnée Mamy, en faisant attention à ne pas se prendre les pieds dans le tapis ou à ne pas rester coincé par – 10 °C sur le balcon derrière la porte coulissante. Autant qu'il sache qu'il en prend au moins pour cinq ans et parfois pour plus longtemps lorsque l'enfant, malin comme un singe, se dit qu'en faisant croire qu'il croit, il a encore plus de cadeaux ! À moins que ce ne soit une habile façon de rester dans son enfance.

Les conseils de Mamy Cœur

Attention aux chaussures du Père Noël ! Il arrive souvent que les premiers doutes des enfants naissent à cause de stupides mocassins qui ressemblent à ceux de Papy comme deux gouttes d'eau.

Votre sapin devra être grand, le plus grand possible en fonction de la hauteur du plafond. Un sapin riquiqui fait plaisir, mais il fait moins rêver un bout de chou qu'un sapin 3 fois plus haut que lui et qui croule sous les boules, les guirlandes, les rubans et les sucres d'orge. Mettez-lui-en plein la vue côté sapin !

Ne prévoyez pas votre menu de réveillon en fonction de l'enfant. Il sera bien trop excité pour manger quoi que ce soit, à part, comme d'habitude, les cochonneries de l'apéritif !

Les conseils de Mamy Cœur

Qu'il y ait un ou plusieurs enfants à la maison ce soir-là, il va être difficile voire cruel de faire traîner la distribution des cadeaux jusqu'à la fin du repas. Je vous conseille d'instaurer le principe de cette distribution par tirage au sort.

On met dans un chapeau des petits papiers portant le nom de chacun des convives. Entre chaque plat, on découvre deux ou trois noms et les personnes désignées reçoivent leurs cadeaux. Oui, vous avez raison, ça crée une jolie pagaille dans votre salon si bien décoré, car tout le monde se lève de table pour assister à chacune des distributions, mais cette diversion vous permet de débarrasser et de faire une pause digestive pas inutile entre les huîtres, le foie gras, les escargots, etc. Et puis les enfants adorent ce suspens qui ne doit quand même pas durer trop longtemps. Faites une marque discrète sur les papiers pour que, ô surprise, le ou les enfants soient désignés au 2e ou 3e tirage. Une fois que vous aurez introduit les piles dans les jouets, compris, traduit puis expliqué les modes d'emploi en anglais, une fois que vous aurez débarrassé les cartons d'emballage pour faire de la place aux prochains, alors vous pourrez retourner à table et finir votre volaille dont la sauce aura givré dans votre assiette !

En ce qui concerne le cadeau du petit-enfant, vos économies vous désignent pour faire le plus onéreux... Ce n'est pas grave, vous n'avez justement qu'à économiser ; l'essentiel est de voir les étoiles briller dans ses yeux lorsqu'il arrachera fébrilement le bolduc et découvrira le joujou dont il rêve depuis qu'il l'a coché dans un catalogue ! Le spectacle de son air extasié vous fera oublier pour un instant le cadeau pourri que vous-même venez de recevoir de vos enfants, qui se sont cotisés pour vous offrir un cardigan grisâtre ou une saucière électrique alors que votre tour de main en matière de sauces a fait de vous une gloire familiale et que vous ne portez jamais de gris...

Les conseils de Mamy Cœur

La tradition a du bon et il vous appartient de la respecter, mais un « petit supplément d'âme » donnerait à cette fête une autre dimension dans le cœur de votre petit-enfant. Ce soir-là, on se sent tous enclins à la compassion et l'on verse généralement une larmichette devant le journaliste en smoking qui commente le reportage rituel sur les familles à la rue, les enfants sans cadeaux ou les petits vieux tout seuls en ce beau soir. Voyez-vous où je veux en venir ? Dans la pleurnicherie bonne conscience, pourquoi ne pas mouiller vraiment votre chemise ?

Allez à la mairie, demandez aux services sociaux de vous indiquer une personne malheureuse et invitez-la. Ouvrez-lui votre porte, gâtez-la en affection, en bonne chair et en petits cadeaux. Non seulement vous apporterez énormément de bonheur à des gens désespérés, mais en plus, vous donnerez un bel exemple de générosité à votre petit-enfant et passerez pour de vrais héros à ses yeux.

Bonus conseil

Convaincre des personnes dans le besoin de venir chez vous le soir de Noël n'est pas aussi facile qu'on pourrait le croire. La générosité est chose si rare qu'elle engendre la méfiance. Mieux vaut confier aux assistantes sociales le soin de lancer l'invitation et de rassurer la personne avant de la contacter vous-mêmes.

Les joyeux anniversaires

Les anniversaires sont eux aussi des moments très forts qui présentent l'avantage, à part le gâteau, de ne pas forcément respecter la tradition. À vous donc de marquer chacune de ces dates du sceau de votre imagination !

Laissez aux parents la douloureuse corvée du goûter déguisé à la maison et taillez-vous la part du lion en inventant ce jour-là des trucs inouïs pour l'émerveiller : une fée qui débarque dans le salon, son premier match de foot en vrai, son baptême de l'air, la visite d'un château, sa première randonnée en moto avec Papy, un jeu dont il rêve mais encore introuvable en France (merci Internet) ou, pourquoi pas, son premier voyage à l'étranger ?

Les voyages enchantés

Ce qui m'amène tout naturellement à aborder le chapitre des voyages enchantés en amoureux : je veux dire, ceux que l'enfant fera avec vous et dont on ne sait qui de lui ou de vous sera le plus heureux !

Femmes et hommes qui, mariés depuis vingt-cinq ans, rêvez d'une escapade en célibataires pour pêcher le saumon dans le Connemara ou vous faire masser aux pierres chaudes à Bali, oubliez. Il y a bien mieux à faire : prendre votre petit bouchon sous le bras et l'emmener en voyage avec vous, tous les deux, c'est-à-dire en tête à tête soit avec son Papy, soit avec sa Mamy. Non pas que je prône la scission de votre couple mais deux jours entiers loin des habitudes quotidiennes seront incroyablement propices à une autre forme de complicité et de tendresse.

Évidemment, ne choisissez pas d'aller croupir dans une ville thermale ou sur un bord de mer sinistre, mais recherchez pour ces escapades des destinations amusantes et dépaysantes dont vous reviendrez, tous deux, remplis de souvenirs et d'anecdotes. Pas besoin pour cela d'aller au bout du monde : deux jours à Londres ou Amsterdam feront parfaitement l'affaire si vous n'avez pas les moyens de lui offrir New York ou Pékin. Vous constaterez, comme moi, que les enfants préfèrent la découverte des villes à celle des paysages qui clouent vos becs d'adulte mais laissent généralement assez indifférents les regards enfantins, plus attirés par les lumières, les bruits et les cahots des mégapoles internationales.

Les conseils de Mamy Cœur

N'oubliez pas que vous êtes avec un enfant et que ce qui vous intéresse n'est pas forcément ce qui l'intéresse. Pas de musées à répétition, pas de *fashion shopping* effréné, pas de spectacles *underground* auxquels il ne comprendrait rien. Composez un programme à sa portée, et si vous tenez absolument à le traîner au musée Rembrandt ou chez Harrods, débrouillez-vous pour captiver son intérêt ou négocier une compensation...

De toute façon, ne commencez pas les voyages trop tôt. Avant 6 ans, franchement, cela peut virer au cauchemar ou au rapatriement sanitaire (pour vous !).

Sachez que ce 1er voyage avec votre petit-fils ou votre petite-fille sera déterminant pour l'avenir : loin de ses parents, il n'aura que vous sur qui compter pour assurer « l'ordinaire » et « l'extraordinaire ». Alors s'il vous plaît, ne le ratez pas ; il doit être intense en découvertes et en éclats de rire. Tant pis si vous rentrez sur les genoux, c'est le prix à payer pour qu'un soir, pendant que vous le borderez quelque temps après, il vous demande : « Dis, c'est quand qu'on part encore en voyage tous les deux ? »

Les spectacles

Aaaaaah le cirque ! Oui le cirque, c'est bien, mais il n'y a pas que ça non plus et ce n'est pas parce que vous en conservez des souvenirs à la fois émerveillés et apeurés que vous devez absolument traîner votre petit-enfant sous tous les chapiteaux qui se dressent, se suivent et se ressemblent sur les routes des vacances.

La télévision lui a ouvert le regard sur des spectacles grandioses et je puis vous assurer que, très jeune, il est déjà sensible à d'autres divertissements que de misérables lions en cage et de pitoyables clowns qui font pouêt-pouêt dans leur pantalon. Les comédies musicales, les moines Kaolin, les danseurs irlandais, le cirque du Soleil, le cirque Plume (qui n'ont de cirque que le nom), les ballets classiques sont de pures merveilles pour l'épanouissement réel et imaginaire des enfants. L'idée est de les éblouir et de regarder à la dérobée leurs yeux écarquillés !

Mais comme je vous connais, grands-parents méritants qui pensez qu'il faut quand même respecter la tradition, je suis sûre que vous tiendrez aussi à Guignol, au cirque et à tous les dessins animés de Walt Disney. Comme vous, je l'ai fait, et je ne le regrette pas, sauf lorsque pendant le spectacle du cirque Bouglione, un vrai crocodile est entré sur la piste et s'est dirigé directement vers nous qui étions assis au premier rang. Grand moment de terreur !

Les cadeaux surprises !

Différents des cadeaux convenus de Noël ou de l'anniversaire, les cadeaux inopinés sont comme des ampoules dorées qui s'allumeraient dans leurs yeux. Sans compter l'état d'excitation dans lequel ils vous mettent au moment de les acheter, puis de les offrir. Souvenez-vous de ce qu'a dit Eddy Mitchell : les gâter, pas les éduquer ! Eh bien nous y sommes. Au nom de quoi vous priveriez-vous du plaisir de rentrer dans un magasin de jouets et d'en faire tous les rayons à la recherche – vu qu'il a déjà tout le reste – de la dernière nouveauté ?

Les conseils de Mamy Cœur

Veillez quand même à ce qu'il ne vous considère pas comme un distributeur automatique de cadeaux. Il ne faut pas en faire un acte systématique qui rendrait l'enfant exigeant, capricieux et au final très antipathique. Le cadeau inopiné sera d'autant plus apprécié qu'il sera, comme son nom l'indique, inopiné !

Au cas où vous auriez un petit côté « vieux jeu », je vous rappelle que les enfants d'aujourd'hui détestent qu'on leur offre des bonbons à sucer (berlingots ou coquelicots par exemple), des objets utiles : « Tiens, regarde, je t'ai apporté une jolie brosse à cheveux », et pire encore, à partir de 8 ans, des vêtements qu'ils n'auraient pas choisis eux-mêmes ou d'une marque autre que N.................., G.................., C.................., etc. (prière de compléter les pointillés : c'est un test de branchitude).

Les histoires

Il reste peut-être encore quelques adorables petites filles qui s'endorment, sourire aux lèvres, en écoutant les histoires du Prince charmant ou du Petit Poucet, mais elles sont beaucoup plus rares que les enfants qui s'imaginent plus tard en célébrités ou en extraterrestres.

C'est triste à dire mais les contes de fées « à l'ancienne » n'intéressent plus beaucoup les enfants de maintenant, dont les rêves viennent et vont, de la télé-réalité à des planètes inconnues peuplées de monstres hideux dotés de pouvoirs exterminateurs grâce à des rayons lasers qui leur sortent des narines. Que du tendre et du poétique ! Et s'il persiste encore un tout petit peu d'attirance pour les princes et les princesses, il va falloir qu'ils s'équipent vite fait de téléphones portables s'ils ne veulent pas être traités de *has been* et abandonnés au fond d'un coffre à jouets ! Alors, Papy zé Mamy, ne comptez pas sur vos vieux livres d'enfance pour faire ressurgir vos héros d'antan. Tout ça sent le moisi. Ce qui veut dire qu'il va drôlement falloir vous recycler côté histoires à raconter le soir !

Dans un élan de générosité que je regretterai peut-être, je vous livre la trame de l'histoire à épisodes que j'ai inventée pour Max et qui l'a tenu en haleine pendant six ans ! Oui, mesdames et messieurs, six longues années durant lesquelles j'ai dû, à la demande, improviser les moments intenses de la vie d'une petite poule bleue qui pondait des œufs en or et faisait le bonheur des gens qu'elle rencontrait au cours de ses aventures de par le vaste monde. Un zeste de magie avec les œufs en or, un zeste de modernité car la poule bleue se servait comme vous et moi d'un ordinateur et d'un podcast, un zeste de suspens puisque bien sûr elle courait mille dangers lors de ses pérégrinations, un zeste de romantisme lorsqu'elle tombait amoureuse d'un footballeur célèbre ou du vainqueur de *The Voice* et, pour finir, un zeste d'histoire et de géo, car je réussissais de temps en temps à caser des informations sur un pays ou un personnage célèbre. Pas mal non ?

Les conseils de Mamy Cœur

À votre tour, créez un personnage récurrent et faites-en votre complice. Pour toujours, il constituera un tendre lien entre vous et votre petit-enfant. Dans la vie de ce personnage, glissez vos valeurs, votre morale, vos propres rêves et restituez-les dans le style qui vous convient le mieux (suspens, rigolo, fantastique, fiction, amour) et surtout qui plaît le plus à l'enfant.

Post-scriptum

En relisant ce chapitre, je m'aperçois qu'entre Noël et les anniversaires, j'ai oublié d'évoquer Pâques et Halloween. Ce n'est pas complètement innocent parce que je considère ces deux pseudo-fêtes comme des arnaques commerciales de la plus belle espèce, nous obligeant à dépenser des sommes folles pour acheter des cochonneries hideuses ou immangeables !

Il semblerait qu'Halloween soit en perte de vitesse et nous ne le regretterons pas, mais les cloches de Pâques ont la vie dure et la chasse aux œufs, même dans un 60 m² au 5e étage, bat son plein. Si les parents ont choisi de s'y coller, c'est parfait. À eux le passage en caisse des cocottes en mauvais chocolat et des paniers garnis de petits œufs en sucre bien durs et bien cariogènes. À vous, en revanche, l'acquisition du très bel œuf en vrai chocolat superbement décoré et garni d'excellentes friandises, qui sera la pièce maîtresse de cette journée dont seuls le curé et une poignée de paroissiens célèbrent encore la véritable signification. Pour tous les autres c'est gigot d'agneau à volonté et en dessert hyperglycémie assurée.

Si votre jardin vous désigne comme les gentils organisateurs de la fiesta chocolat, alors par pitié, soyez modérés. Inutile d'acheter des tonnes de saletés (oui, j'ai dit saletés, car c'est vraiment le cas) qui finiront un mois plus tard à la poubelle. Quelques petits œufs joliment emballés ou décorés seront amplement suffisants au bonheur de l'enfant dont le principal amusement est de chercher partout et de farfouiller dans les cachettes les plus improbables.

Notes

Acte 5

SOS dépannages en tout genre !

Temps partiel ou temps complet, à 8 heures du matin ou à minuit, l'un de vos rôles fondamentaux de grands-parents consiste en une disponibilité instantanée dès que les jeunes parents lancent un appel sans se préoccuper le moins du monde de votre propre emploi du temps.

L'urgence occasionnelle

Si, comme tous les grands-parents, vous vous êtes réjouis et attendris à la naissance de la huitième merveille du monde, si vous vous êtes promis alors de l'aimer, de le guider et de le protéger tout au long de ce qui vous reste de vie, c'est très bien, mais pas suffisant.

Il vous manquait la dimension qui crée la différence entre les simples vivants et les saints, je veux dire l'abnégation absolue de votre moi au profit de l'être adoré: le bébé de votre fille ou de votre fils, devenu, le temps de son premier cri, l'être le plus important de la planète pour la poignée de dévots qui constitue votre petite famille. À partir de maintenant et souvent jusqu'à tard dans sa vie, votre existence ne vaudra plus tripette si la sienne nécessite que vous accouriez pour assurer les dépannages en tout genre, que seuls les grands-parents sont censés pouvoir effectuer puisque, en principe, ils sont à la retraite et n'ont que ça à faire...

Supposons donc que vous êtes effectivement à la retraite. Une retraite dont vous avez rêvé pour vous lâcher enfin et prendre le temps de vous consacrer à ce que votre vie professionnelle ne vous a que partiellement autorisé. Je cite: **le golf, le bridge, les échecs, le cinoche, les goûters de copines, l'étude du copte ou du celte, la danse indienne, l'art floral de Java, le bénévolat, le tricot, la littérature romantique allemande, le dessin, la gymnastique ayurvédique, les voyages, les promenades conférences, les expos, la harpe**, et j'oublie sans doute mille autres de ces activités qui, paradoxalement, font que les personnes à la retraite ont encore moins de temps disponible que lorsqu'elles étaient en activité. Cela agace beaucoup leurs enfants, qui ne comprennent pas ces airs débordés dès qu'ils demandent un petit service. L'arrivée du bébé ne va pas arranger les choses, car, alors, des arguments tels que: « Désolée, je ne peux pas, j'ai mon cours de ceci, ou mon rendez-vous de cela » vous colleront aussitôt l'étiquette de « grands-parents égoïstes et en dessous de tout, même pas capables de faire un petit effort pour garder leur petit-fils ou leur petite-fille juste pendant le week-end où on a un séminaire… »

Papy zé Mamy, tenez-vous prêts à monter votre boîte de dépannages en tout genre, ouverte 24 heures sur 24, week-end compris. Non pas que vous soyez effectivement mobilisés ; ce qu'il faut, c'est que vous soyez potentiellement mobilisables à l'instant T comme téléphone, lorsque votre fille ou votre fils, à moins que ce ne soit votre belle-fille ou beau-fils, vous appellera en catastrophe pour vous demander de venir garder l'enfant, car ils vont être (ce soir, demain, après-demain) complètement coincés par :

- une réunion ;
- un rendez-vous ;
- un anniversaire surprise ;
- la nounou qui est malade ;
- un truc incontournable auquel ils ne peuvent pas se soustraire, et vous non plus, par la même occasion !

Franchement, vous vous voyez dire non ? La mort dans l'âme vous annulez le programme que vous aviez prévu et vous partez avec votre petit baluchon de Mamy sitteuse. Sachez pourtant que vous ne le regretterez pas, car vous passerez des heures délicieuses et hautes en attendrissements auprès de votre « petit bébé si mignon » qui commence à vous faire des risettes. Mais bon, dans le principe, c'est gonflé !

La garde à temps complet

Il s'agit peut-être d'un choix mûrement réfléchi (si ce n'est pas une nécessité) que vous aurez sûrement fait bien avant la naissance, et là, pas de rouspétance : vous l'avez voulu, vous l'avez eu…

Je ne jouerai pas les Cassandre en vous prédisant que vous allez en baver. J'ai toutefois une scène tout à fait éloquente à vous raconter, juste pour vous booster le moral.

Au parc, une Mamy entre avec une poussette-canne à laquelle sont accrochés deux gros sacs en plastique. Elle s'arrête, puis s'assoit sur un banc entre deux jeunes Mamans. Elle décroche la gamine, qui jaillit comme un diable et part en courant jusqu'à l'aire de jeux. La Mamy laisse tout en plan et court derrière elle. Je la regarde de loin aider la petite à monter sur le toboggan, se précipiter pour la rattraper en bas, l'aider à escalader le labyrinthe, la guetter, lui faire coucou chaque fois que la petite apparaît à l'un des orifices, la pousser sur le tourniquet, la balancer, l'asseoir sur le tape-cul, lui dire que ça suffit, ne pas être écoutée, recommencer tout le circuit, regarder si la poussette est toujours là avec les sacs en plastique, et enfin, poser la petite chose adorée sur le tas de sable où elle va chiper la pelle d'un autre qui va hurler, le temps que Mamy récupère ses propres joujoux dans l'un des sacs. Elle se pose enfin sur le banc, les yeux rivés sur la chair de la chair de sa chair mais se relève 15 fois pour moucher, essuyer le sable dans les yeux, restituer la pelle que la petite continue de préférer à la sienne, interrompre une bagarre. Arrive l'heure du goûter, puis le pipi, un ultime passage à l'aire de jeu, et le retour vers la maison où l'attend l'heure du bain et du dîner avant que les jeunes parents viennent récupérer leur amour chéri qui a été bien sage avec sa mamy ! Pour elle, ce sera alors l'instant de la grande torpeur, en attendant de tout recommencer le lendemain.

C'est dur à admettre mais dans la vie il y a un âge pour tout. S'occuper à temps complet d'un enfant est une lourde tâche que nos 50 ou 60 printemps ne sont plus forcément prêts à assumer avec la même abnégation ni la même énergie que nos propres grands-mères qui étaient plus habituées aux durs labeurs et qui, peut-être, n'avaient pas vraiment le choix...

Les conseils de Mamy Cœur

Réfléchissez longuement avant de prendre cette décision. Je reconnais qu'il peut être tentant de garder son petit-enfant et de l'entourer de cet amour immense qu'aucune nounou ne lui donnera jamais autant que vous, mais je vous le redis, vous n'êtes peut-être plus configurée pour jouer les grands-mères Courage à temps complet.

Si, en revanche, pour des raisons pécuniaires, il n'y a que cette solution pour que vos enfants s'en sortent et pour que le trésor de votre vie soit choyé comme il le mérite, alors, bien sûr, n'hésitez pas. Mais ai-je besoin de vous le dire ?

Mamy Cœur a pensé à vous

La mission que je me suis fixée étant de vous rendre ce livre vraiment utile, j'ai dressé à votre intention la liste des missions de dépannage et de suppléance que vous serez sans doute amenés à accomplir entre 0 et 10 ans. Ainsi vous vous tiendrez prêts à sauter dans votre petite auto pour accourir et vous rendre disponibles une heure, deux heures, une demi-journée, une journée ? Ce sera selon la gravité de la panne.

- La nounou malade ou virée
- L'épidémie à la crèche
- Les deux parents grippés
- Le pédiatre qui doit passer on ne sait pas à quelle heure

- L'enfant contagieux qui doit rester au chaud
- Le doudou perdu qu'il faut absolument partir racheter
- La grève scolaire
- L'accompagnement aux cours du mercredi
- Les visites chez les médecins (hors urgences)
- Les courses de rentrée

La consolante

Il est pourtant un SOS dépannage que vous adorerez lorsque votre petit-enfant, vers 7 ou 8 ans, commencera à avoir des gros chagrins d'école, de copains ou d'amour (ben oui quoi : déjà à cet âge-là) et qu'il vous téléphonera en cachette et en larmes pour vous les confier. Oh, bien sûr, ces chagrins ne seront pas très graves, mais ils vous révéleront, mine de rien, sa personnalité et son degré de sensibilité. Et puis, vous mesurerez ainsi le niveau de confiance auquel il vous a placée. Vous verrez : vous vous délecterez dans ce doux rôle de consolatrice, premier pas vers celui de Denise Grey dans *La Boum*, dont toutes les grands-mères ont rêvé !

Acte 6

Un rôle que le monde diplomatique vous envie

Ce n’est pas parce qu’il est haut comme trois pommes que l’enfant, parfois, n’a pas de gros soucis. Il va falloir les appréhender, puis les gérer avec tact, car vous êtes, sachez-le, son rempart le plus solide contre les inconstances des adultes.

Gérer les conflits familiaux avec tact

Vous vous êtes encore arraché un cheveu blanc ce matin ? C'est une double erreur. D'abord parce qu'on dit qu'un cheveu blanc arraché en fait pousser quatre nouveaux, ensuite parce que c'est un geste inutile dans la mesure où vous n'avez pas fini de vous en faire…

C'est un phénomène que les plus grands experts mondiaux ès Papy zé Mamy ont constaté : plus ils prennent de la bouteille, plus ils sont anxieux de tout ce qui concerne leurs enfants et leurs petits-enfants. Est-ce à cause de leur oisiveté prétendue qui laisse le champ libre à la dramatisation ou bien est-ce parce que leur cerveau commence à faire des fixettes, à moins qu'à partir d'un certain âge l'expérience de la vie pousse au pessimisme ? Toujours est-il que le moindre conflit familial leur gâche la vie. On a même vu des Papys, en période de crise, renoncer à leur sacro-saint whisky bien tassé du dimanche midi et des Mamys en oublier leur rendez-vous chez le coiffeur.

Il faut dire qu'ils sont généralement mis à contribution pour arrondir les angles et jouer les arbitres dans les conflits qui peuvent opposer les membres de la famille, car, même si ce mot les agace, ils sont en passe de devenir les doyens. Entre la poire et le fromage d'un grand repas réunissant la tribu, combien de fâcheries idiotes et de règlements de comptes irréversibles ont pu être évités grâce à leur habile intervention ? Diplomates ou plus prosaïquement déterminés à ce qu'on leur fiche la paix avec des histoires à la noix, ils savent trouver les mots justes pour apaiser et consoler leurs enfants, les cousins de leurs enfants, les oncles et les tantes de leurs enfants, mais… vont-ils savoir aussi rasséréner leurs petits-enfants ?

Un « autre bébé » est annoncé

Ils en rêvaient, ils l'ont fait : ses parents vont avoir un nouveau bébé et l'on ne parle plus que de cela à la maison.

Même à l'heure sacrée de l'histoire du soir, on lui murmure dans le noir « que bientôt il ne jouera plus tout seul, qu'il pourra partager ses jouets avec un gentil petit frère ou une gentille petite sœur, que Maman et Papa les aimeront autant tous les deux, qu'il faudra être très gentil au début parce que ce sera un tout petit bébé et que pour l'instant il est bien au chaud dans le ventre de Maman ».

Mesurons-nous, les adultes, la monstruosité de ces propos assortis d'images qui s'entrechoquent dans la tête de ce bout de chou jusqu'alors vénéré et qui va devoir faire face à une succession de drames annoncés, dont le pire est sans doute de partager ses parents avec un bébé qui a pris sa place dans le ventre de sa mère et bientôt lui piquera aussi ses jouets ? Et il n'aura même pas le droit de mordre ?

Papy zé Mamy, le temps que tout cela soit accepté et digéré, vous allez être son refuge et sa bouée de tendresse. C'est à vous qu'incombe la tâche délicate mais essentielle de le rassurer sur son avenir d'ex-enfant unique. Il est clair que si vous empruntez le même discours béat que les parents, vous allez « rater le coche ». Juste pour lui faire plaisir, n'ayez pas l'air si heureux que ça de la future naissance et dites-lui bien que, de toute façon, il restera toujours votre préféré. Ce pieux mensonge apaisera pour un temps la jalousie qui le ronge surtout si vous l'accompagnez de promesses de privilèges, comme tenir le volant de la voiture sur les genoux de Papy ou faire des journées shopping de princesse avec Mamy.

Les conseils de Mamy Cœur

N'en faites pas trop non plus ! Il faut que vous lui appreniez en douceur à aimer ce futur bébé et n'alimentiez pas une rivalité qui pourrait devenir problématique à la naissance. Moins exacerbés qu'auprès de ses parents, sa jalousie et peut-être aussi son désarroi puiseront dans vos mots et vos gestes l'apaisement dont il a grand besoin pour se préparer à cette rencontre et accepter le minuscule intrus.

L'après-naissance

Toutes ses craintes prénatales ne sont rien comparées à ce qu'un petit-enfant éprouve une fois confronté à la réalité de cette présence envahissante qui bouleverse sa vie quotidienne et accapare l'attention de son père et de sa mère.

Même si ces derniers veillent à sur-distribuer les câlins et consacrent le peu de loisirs dont ils disposent encore à jouer avec lui au ballon ou à la poupée, l'enfant, lui, ne comptabilise que le temps passé avec « l'autre ». Qu'il commence alors à se ronger les ongles ou à faire pipi au lit n'a rien d'étonnant quand on pense à ce qu'il subit, lui, encore si petit, et qui se voit affublé du costume tout neuf et bien trop grand d'aîné. Jugez plutôt.

Le jeu des 7 calamités

- Le Bébé dort dans la chambre de Ses Parents, et lui non ;
- Le Bébé a plein de visites, de sourires et de cadeaux ;
- On parle au Bébé d'une drôle de façon super gentille, pas comme à lui ;
- Il boit le lait de la poitrine de sa Maman et lui n'a même pas le droit de faire pareil ;
- On lui interdit de courir dans la maison en faisant la sirène de police ou de chanter à tue-tête parce que le Bébé dort ;
- On passe des heures à baigner le Bébé, à le papouiller et à lui mettre de jolis vêtements tout doux alors qu'à lui on dit de se dépêcher de prendre son bain et d'enfiler son moche pyjama ;
- Les parents ont tout le temps l'air fatigués et énervés. Du coup, ils se fâchent après lui, surtout pendant les devoirs. « C'est pô drôle », comme dirait Titeuf.

Papy zé Mamy, arrangez-moi ça tout de suite ! Cet enfant a besoin de se ressourcer loin de l'envahisseur et de récupérer son trône de petit roi. Accueillez-le chez vous, pendant des week-ends et des petites vacances pour qu'il se refasse une santé morale en redevenant le centre du monde. Non, ne lui dites pas qu'il doit être raisonnable et se comporter comme un grand : ce n'est pas ce qu'il attend de vous, et si vous voulez éviter sa régression, c'est paradoxalement en le traitant comme votre petit amour-chéri-adoré qu'il reprendra du poil de la bête. Soyez gâteux, parlez-lui comme on parle à « l'autre », faites-en des tonnes : ça va finir par l'agacer et bientôt c'est lui qui revendiquera son droit à un traitement de « grand frère » ou de « grande sœur ».

Les conseils de Mamy Cœur

Je sens bien que ces conseils régressifs vont peut-être me mettre à dos certains des plus éminents pédopsychiatres, mais moi, je vous dis que ça marche. Et en plus, je suis sûre que vous trouverez plutôt agréable de jouer ce rôle tout en finesse, qui donnera des résultats tangibles et assoira votre renommée de fins diplomates auprès des jeunes parents. Dans le statut de grands-parents, vous verrez, on n'est jamais mécontents de prendre du galon !

Sauf si les parents ont eu tout faux et si vous-mêmes, ce que je ne peux pas envisager, avez raté ce passage délicat, le petit garçon ou la petite fille, en quelques semaines, peut-être quelques mois, va s'épanouir à nouveau et éprouver un amour protecteur inconditionnel pour le bébé qui maintenant le reconnaît, lui sourit et mieux encore, fait à son petit ego le plus beau signe d'allégeance en lui tendant sa peluche ou sa totote.

Il peut malheureusement arriver que le rejet du petit frère ou de la petite sœur s'installe, accompagné d'agressivité ou de repli sur soi-même. N'attendez pas trop longtemps pour inciter les parents à consulter un pédopsychiatre (et notamment l'un de ceux avec lesquels je me suis fâchée quelques lignes plus haut !).

Ses parents

De votre temps (mais je vous le redis, vous êtes encore très jeunes), les conflits parents-enfants se réglaient en deux coups de cuillère à pot par un péremptoire : « File dans ta chambre », assorti, selon la gravité, de punitions telles que la privation d'argent de poche ou la corvée de vaisselle pendant un mois. Si chez vous on avait la possibilité de contester, chez moi en tout cas, on ne discutait pas. Les choses ne se passent plus de la sorte depuis que l'autorité est considérée comme une violence et qu'une bonne fessée peut vous traîner devant les tribunaux.

Les enfants sont dans leur droit légitime lorsqu'ils se rebiffent ou refusent la punition, la privation, la correction. Comme dirait l'autre : ce sont les nouvelles méthodes pédagogiques. Pourtant, les jeunes parents les plus avant-gardistes en ce domaine finissent quand même par craquer un jour ou l'autre. Ils élèvent la voix, enferment dans la chambre, interdisent la télé, téléphonent à Super Nanny (non, je plaisante...). L'enfant ne comprend pas pourquoi ils lui résistent soudainement. Il y a menace de révolte, brandissez votre calumet de la paix !

- Soit c'est l'enfant lui-même qui vous raconte tout, en criant à l'injustice et en déclarant qu'il veut venir habiter « pour toujours » avec vous, car « ils » sont trop méchants.
- Soit ce sont ses parents, excédés, qui lancent la menace suprême (quitte à le regretter la seconde d'après) : cet enfant est « infernal », ils n'en peuvent plus et ils vont finir par le « coller en pension ».

Dans les deux cas n'envenimez pas les choses en affirmant à l'enfant que ses parents ont eu raison ou aux parents (même si vous le pensez très fort) que s'ils l'avaient mieux élevé, ils n'en seraient pas là...

Soyez extrêmement attentifs à cette première plainte de l'enfant qui, faute de compréhension réciproque, peut dégénérer en problème relationnel chronique. Votre rôle est de lui faire accepter l'autorité et la punition de ses parents, non pas comme des injustices, mais comme les bases de sa bonne éducation. Oui je sais, c'est plus facile à dire qu'à faire. Mais si vous désignez l'un de ses petits copains ou de ses cousins, reconnu par tout le monde et surtout par lui comme étant un enfant mal élevé, en lui demandant s'il veut lui ressembler, vous ébranlerez ses convictions et lui démontrerez plus concrètement l'intérêt d'être réprimandé et puni de temps en temps pour rester un gentil petit garçon ou une gentille petite fille.

Quant aux parents, a priori plus faciles à raisonner, engagez-les à parler à leur enfant, à lui expliquer pourquoi il a mal fait et pourquoi tout ne peut pas lui être permis. À la faveur d'un moment de calme, même à partir de 3 ou 4 ans, une discussion entre parents et enfants est salutaire et devrait même être obligatoire, quand on pense au manque de dialogue qui peut exister par la suite, à l'âge de l'adolescence !

Les conseils de Mamy Cœur

Même si ça vous brûle la langue, ne désavouez jamais les parents auprès de leur progéniture : cela vous retomberait tôt ou tard sur le nez et pourrait même risquer de vous mettre en quarantaine. Il n'y a rien de plus odieux que ces grands-parents qui, pour se faire bien voir, consolent leur petit-enfant en lui disant que son père et sa mère sont des idiots, qu'ils ne savent pas la chance qu'ils ont d'avoir un petit chéri si gentil et qu'il n'a qu'à dire à son Papy ou à sa Mamy ce qui lui ferait plaisir pour le consoler. Si, si, je vous assure, il y en a qui font ça...

La maison de famille

Il s'agit sûrement de cette belle vieille maison qu'avaient achetée vos arrière-grands-parents pour que vos grands-parents prennent du bon air, que vos parents ont ensuite rafistolée en maison familiale de vacances, pour accueillir enfants, petits-enfants, frères, sœurs, cousins, cousines, si possible tous en même temps, parce que rien ne les rendait plus heureux que de réunir tout ce petit monde et d'entendre le jardin résonner des rires et des déjeuners dehors. C'est à votre tour maintenant, le 1er juillet, d'aérer les chambres, de faire de bons lits et des terrines pour l'arrivée de la tribu dont vous voulez être les rassembleurs.

Vous aurez beau me le jurer en crachant « croix de bois, croix de fer, si je mens, je vais en enfer », moi je sais bien qu'au milieu de toute cette smala c'est le vôtre que vous trouverez le plus beau, le plus intelligent, le plus gentil, le plus obéissant, le plus serviable, le plus... le plus... Et lorsque vous serez seul à seul, vous, les Papy zé les Mamy, vous ne tarirez pas d'éloge, voire même balancerez quelques vannes sur cette pauvre petite Adèle bien gentille mais qui a quand même un visage ingrat ou sur Séraphin ce petit voyou qui n'arrête pas de dire des gros mots.

La première difficulté, en tant que grands manitous de la tribu, sera de n'afficher aucune préférence et de distribuer la même affection et les mêmes attentions aux uns et aux autres. La seconde sera d'être encore plus sévère avec le vôtre, étant donné son statut d'enfant de la maison tenu de montrer le bon exemple. Les chamailleries, les jalousies et les tentatives de prise de pouvoir seront votre lot quotidien. Sous le regard indigné des offensés, votre sens de la justice devra être aussi irréprochable que celui du bon roi Saint Louis sous son chêne.

Les conseils de Mamy Cœur

Pourquoi pas, d'ailleurs, fixer chaque soir un rendez-vous aux enfants sous le tilleul pour rendre la justice en grande pompe et régler les conflits en cours. Non seulement cela les amuserait énormément mais, en plus, la cérémonie donnerait beaucoup plus d'importance au jugement et à la sentence. Dans le rôle, je verrais bien le Papy ceint d'une couronne de fête des Rois et revêtu du couvre-lit en satin bleu.

Mis à part ces petites difficultés que vous parviendrez facilement à contourner, les moments passés entre petits cousins, sous votre haute protection, seront pour l'avenir de la famille le plus beau et le plus solide des ciments. Peut-être même vos petits-enfants (car vous en aurez plusieurs) perpétueront-ils la tradition et ainsi, longtemps après vous, des portes continueront à claquer, des ballons à ravager des plates-bandes, des escaliers à être dévalés sous un beau soleil d'été, dans une maison qui, quoi que vous fassiez, sentira toujours le moisi et la savonnette à l'heure de passer à table.

Notes

Acte 7

Un rôle pas drôle du tout parfois

Votre petit-enfant n'est malheureusement pas à l'abri de bouleversements (qui seront aussi les vôtres…). Divorces, remariages, accidents et maladies vont peut-être taillader son petit cœur. À vous de l'aider à cicatriser.

La séparation de ses parents

Jusqu'à maintenant tout allait bien et je vous laissais clapoter dans le bain délicieux de votre apprentissage d'heureux grands-parents, affichant un sourire radieux et des mines ravies dès qu'on vous demandait des nouvelles de la prunelle de vos yeux. Seulement voilà, tout passe, tout lasse, tout casse, et 3 fois sur 4, selon les statistiques, la belle histoire d'amour du Papa et de la Maman, sublimée par la naissance d'un bébé, capote. L'ex-jeune couple découvre qu'il se déteste. Il leur faut énormément d'intelligence et de maîtrise pour vivre cette période de séparation sans éclabousser l'enfant des flots de reproches et de règlements de comptes qui transforment la maison où il se sentait si bien en une arène sanglante.

Un jour après l'école, il rentre chez lui et il manque l'un de ses parents. Il s'agit le plus souvent du Papa parce qu'aujourd'hui ce sont encore les Mamans qui sont généralement désignées comme les gardiennes de la cuisinière électrique, du canapé et de l'enfant.

« Il est où mon Papa ? » demande-t-il d'une voix qui traîne vers les larmes. Alors, la Maman s'emberlificote dans des explications d'adultes, de gens qui ne s'aiment plus, qui vivront chacun dans une maison où il aura sa chambre, une semaine chez l'un, une semaine chez l'autre... Mais comme il n'a rien compris, il pose une autre question :

« Mais pourquoi vous vous aimez plus ? »

Là, il n'y a pas de réponse qu'il puisse comprendre, car il ne sait pas encore, lui, que quand on s'embrassait et qu'on riait ensemble, un jour ça finissait. Un enfant qui apprend la séparation de ses parents se déchire en deux, brutalement, comme sa vie.

Papy zé Mamy, soyez alors magnifiques. Vous-mêmes serez sûrement en état de choc devant tout ce gâchis, mais ce n'est pas le moment de vous lamenter ni de vociférer sur ces jeunes qui font des enfants sans réfléchir et se séparent pour un oui ou pour un non. Dans le cadre rassurant de votre chez-vous, là où il sait que rien ne risque de changer ni de se briser, vous lui expliquerez la vie des grandes personnes avec des jolis mots soigneusement choisis pour qu'il les comprenne et aussi pour qu'ils ne lui projettent pas les images de tumultes, de chaos et de rancœurs qui lui donneraient une vision bien angoissante de son propre avenir !

Les histoires inventées seront une fois encore d'un grand secours. En créant des personnages imaginaires, vous l'éloignerez de sa réalité tout en lui en racontant les faits qui le concernent. Durant la période de séparation puis d'installation de l'un et l'autre des parents, il vous faudra être très présents et prendre l'enfant sous votre aile pour lui changer les idées, l'égayer et l'aider à accepter tous ces bouleversements. En secret, il espérera longtemps que tout redevienne comme avant : ne prenez pas des mines d'enterrement pour lui dire que NON, mais faites-lui comprendre qu'une vie définitivement différente s'ouvre devant lui. Essayez d'en valoriser les avantages, si vous êtes assez convaincants pour lui faire admettre que deux maisons, deux Noëls, deux chambres, deux anniversaires une fois avec Papa, une fois avec Maman sont drôlement plus rigolos... Bonne chance avec ça !

Ordre de Mamy Cœur (oui carrément !)

Est-il nécessaire de vous dire que même si l'un des deux parents s'est conduit comme le dernier des chiens jaunes, jamais, au grand jamais vous n'en direz le moindre mal. Vous seriez impardonnables de le faire et, en plus, votre petit-enfant vous détesterait : pour lui, Papa et Maman sont à tout jamais merveilleux et irréprochables.

Les conseils de Mamy Cœur

Si vous observez un changement dans son comportement, des troubles de l'attention, un repli, de l'agressivité, une régression ou tout autre signe traduisant son mal-être, il a certainement besoin d'une consultation chez un pédopsychiatre, ce qui, rappelons-le, ne signifie pas qu'il est fou mais juste déstabilisé face aux errances de grandes personnes qui sont ses références absolues. Les parents, souvent, parce qu'ils se culpabilisent, n'en font pas spontanément la démarche. N'hésitez pas à leur en parler, et même à appeler pour prendre le premier rendez-vous. Après, ce sont eux qui accompagneront leur enfant, pas vous !

Si vous ne connaissez pas de pédopsychiatre, je vous conseille de vous adresser au pédiatre de l'enfant pour qu'il vous en recommande un, ou alors de téléphoner aux journalistes qui rédigent les articles concernant les enfants dans vos magazines préférés. Ils ont généralement une liste d'excellents spécialistes auxquels ils demandent eux-mêmes des conseils.

Les nouveaux « fiancés »

Je vous ai prévenus, à l'entrée de ce chapitre : c'en est fini avec le clapotage béat des débuts de votre histoire de grands-parents. Vous êtes maintenant au cœur de l'action la plus délicate, celle qui consiste à faire abstraction de vos propres états d'âme pour aider votre petit-enfant à accepter des situations au demeurant inacceptables pour lui, comme l'arrivée d'un ou d'une nouvelle « fiancée » dans la vie de l'un de ses parents.

Vous aurez droit, en principe, à un round d'observation et j'en parle en connaissance de cause, car peut-être, avant de trouver le nouvel homme ou la nouvelle femme de sa vie, votre fils ou votre fille aura fait ce que l'on appelle du testing ou, si vous préférez, se sera lâché dans le célibat...

Et puis un jour, vous sentirez que le bon numéro a été tiré et que le « on » remplace le « je » dans les projets. Il y a peu de chances pour que l'on vous demande votre avis sur ce choix et c'est tant mieux : comme vous êtes à peine remis de la précédente séparation, qui vous paraissait tellement impensable lorsque, au soir de leur mariage, vous aviez fait le chèque au traiteur, il serait peut-être injustement teinté de méfiance. En revanche, le premier concerné est l'enfant, et ça, c'est pas gagné !

Sinon déterminant, votre rôle va cependant être important, car, a priori, on va détester cette intruse ou ce nouveau venu « qui embrasse son père ou sa mère sans arrêt et fait semblant d'être super gentil en lui parlant comme à un bébé ». Si c'est une « amoureuse », elle sera forcément moins belle que Maman, son parfum sentira mauvais et elle ne saura même pas faire les coquillettes à la sauce tomate. Si c'est un « amoureux » et s'il est très beau, une petite fille aura la dent moins dure, mais un petit garçon ne le ratera pas, surtout s'il ne joue pas au foot comme Papa, a une moche voiture, et ne sait pas qui est Homer dans la famille Simpson.

Suivez l'affaire de près, car elle peut évoluer très rapidement. Dans le meilleur des cas, en quelques jours, on assiste à un revirement total, grâce à l'intelligence et au savoir-faire du nouveau ou de la nouvelle, et c'est le grand amour. Vous n'avez donc pas à vous en mêler. Dans le pire, les relations s'enveniment, l'enfant devient odieux avec la personne qui, elle-même, le prend en grippe, et le moindre échange entre eux devient conflictuel. Je vous plains : ça ne va pas être facile, car il vous faudra non seulement tenter de ramener la paix entre les deux mais aussi raisonner le Papa ou la Maman qui revendique « son droit au bonheur et à refaire sa vie sans que ce gosse capricieux s'en mêle et gâche tout ».

La tierce personne, vous en l'occurrence, qu'il s'agisse du Papy ou de la Mamy, doit être l'exutoire auprès duquel l'enfant pourra déverser ses rancœurs. S'il ne le fait pas spontanément, ce qui est souvent le cas, il faudra lui sortir habilement les vers du nez pour l'amener à évacuer ces sentiments qui le dévastent, le premier étant la jalousie envers celui ou celle qui lui « vole » sa Maman ou son Papa adorés.

Les ruses de Mamy Cœur

L'idée n'est pas de mettre les pieds dans le plat et d'aborder ce délicat sujet par un : « Alors, j'ai appris que tu ne t'entendais pas du tout avec Léo (ou Mathilde) et que tu lui parlais comme à un chien ? ». Ça aurait pour conséquence immédiate de culpabiliser l'enfant et de le fermer comme une huître. Votre petit-fils, ou votre petite-fille, doit toujours vous sentir solidaires et savoir qu'il peut s'appuyer sur vous sans jamais risquer d'être déjugé. Qui vous a dit que vous deviez être objectifs lorsqu'il s'agit de son bonheur ? Pas moi en tout cas.

Dans la gestion de cette crise, au ton que vous utiliserez pour demander : « Comment ça va avec Mathilde (ou Léo), j'ai cru comprendre qu'il y avait des petits problèmes entre vous ? », vous pouvez être certains qu'il va aussitôt répondre : « C'est lui (ou elle), il fait rien qu'à me commander », et c'est parti pour un lâcher de reproches qui vous permettront de mesurer l'ampleur du conflit. Surtout, ne lui donnez pas raison spontanément, car vous sentez bien que son adversaire est adorable et fait tout pour l'amadouer. Face à ses récriminations, aidez-le subtilement à reconnaître que Léo ou Mathilde n'est pas si méchant que ça, que Maman ou Papa a l'air drôlement plus gai qu'avant, qu'on rigole souvent à la maison, qu'il ou elle dessine super bien, fait des tours de magie, du trapèze volant, ou toute autre prestation valorisante à ses yeux. Amenez-le subtilement à reconnaître qu'il n'est pas si malheureux que ça et même que Papa ou Maman lui fait toujours autant de câlins qu'avant. C'est à lui, de découvrir sans que vous les lui souffliez, toutes les raisons qu'il a d'être plus gentil avec la personne et de lui faire un bisou de temps en temps. C'est le premier pas qui coûte...

Il peut arriver aussi que la situation soit beaucoup plus délicate et que vous la soupçonniez même irrémédiable parce que l'adulte n'aime pas l'enfant et que c'est un con (ou une conne). Oui, pardonnez-moi, c'est mon premier gros mot mais je n'en vois pas d'autre pour qualifier une personne d'environ 30-35 ans incapable d'aimer l'enfant d'un autre lit ni de faire des concessions pour que le bout de chou l'accepte comme remplaçant de l'un des deux grands amours de sa jeune vie. En principe, elle ne devrait pas faire long feu, car en en prenant conscience, votre fils ou votre fille la jettera avec l'eau du bain : à 97 % dans le choix d'une nouvelle vie, le bonheur de l'enfant reste un élément fondamental pour un Papa ou une Maman, même très amoureux.

Les conseils de Mamy Cœur

Je n'en ai aucun. Je serais juste tentée de vous dire de garder vos bras et vos oreilles grands ouverts face aux conflits. C'est la base d'une technique américaine pompeusement appelée le *crisis management* mais que moi j'appelle « l'art d'être là, où il faut quand il faut, discrètement ».

Le remariage

Si vous faites partie de ces petits veinards de parents qui ont ou auront la chance de vivre deux fois la mairie, la capeline et la pièce montée, sachez que le second mariage est infiniment moins coûteux. Finis le château, la calèche, la chapelle au bord de l'eau et les copains de fac qui finissent ivres morts dans les parterres de rosiers. On souhaite innover et ce sont en général les futurs mariés eux-mêmes qui mettent un point d'honneur à assumer les frais du vol en montgolfière, la nuit de noces en caravane Airstream ou la guinguette à Nogent. Mais que faire du petit garçon ou de la petite fille au milieu de tout ça ?

Je crois que vous serez de parfaits Papy zé Mamy si vous proposez aux futurs mariés de vous en occuper dans les dernières heures précédant la cérémonie. Vous préserverez ainsi l'harmonie familiale et éviterez qu'il ne se fasse rabrouer par une Maman ou un Papa trop nerveux pour gérer son inquiétude ou son excitation à l'approche d'un événement dont il ne saisit pas réellement l'importance.

Au matin du jour J, ses vêtements seront sa grande préoccupation. Y'a intérêt à ce qu'ils lui plaisent… sinon ça va drôlement bouder. J'espère que la précaution aura été prise de les lui faire essayer avant, surtout s'il s'agit d'un garçon. Des bretelles, un nœud pap' et des chaussures vernies se doivent d'être amplement cooptés sous peine d'être rejetés comme d'impensables déguisements par un gamin qui passe sa vie en jeans, blouson, baskets !

Avec une fille, si ça brille, que ça tourne et que ça ressemble à une robe de princesse, la tenue devrait être acceptée. Seule la coiffure peut poser problème si on s'est bêtement obstiné à lui faire un chignon trop serré ou qu'elle refuse d'avoir des anglaises, ce que l'on peut comprendre !

Il vous faudra être particulièrement protecteurs ce jour-là: l'enfant en aura besoin, car s'il est très jeune, il ne comprendra pas pourquoi il n'est pas le seul roi de la fête et voudra aller pleurnicher auprès de sa Maman ou de son Papa qui, étourdis de bonheur et de champagne, risquent de l'envoyer gentiment promener. À vous de le prendre sur vos genoux s'il commence à pleurnicher, de canaliser ses émotions et de l'emmener faire une petite promenade pour faire diversion.

Les conseils de Mamy Cœur

Ne le quittez pas des yeux : c'est le jour de toutes les bêtises et souvent aussi de tous les chagrins. Depuis les petits-enfants qui finissent les verres d'alcool ou s'empiffrent à s'en rendre malades jusqu'à ceux qui se cachent dans la forêt avoisinante, juste pour le plaisir de gâcher une fête qui n'est pas la leur, et qui s'y perdent : on voit de tout un jour de remariage.

Le spectre hideux de la mondialisation

Les journaux ont beau en parler, vous ne pensiez pas qu'un jour la mondialisation vous concernerait personnellement et que, sur l'échiquier planétaire, vos larmes viendraient faire une grosse mare.

Pourtant, un sale jour, sans que rien vous y ait préparés, par exemple à la fin d'un repas auquel vous avez été conviés, l'air tellement embarrassé que ses yeux restent baissés à contempler les cinq dents de la fourchette, votre fils ou votre fille vous annonce son départ à l'étranger, à Tokyo, à Ottawa ou à Pétaouchnock. Sa boîte, sa carrière, une promotion, une opportunité, une meilleure qualité de vie... toutes ces choses qui, vues depuis votre tour d'ivoire, vous semblaient acquises ici. C'est la terre qui s'ouvre sous vos pieds, vous engloutissant vous, votre chaise et le joli petit ensemble que vous mettiez pour la première fois !

Dans la foulée, vous apprenez hébétée « que c'est prévu pour dans deux mois, qu'ils ont un acheteur pour l'appartement, qu'ils ont déjà inscrit le petit ou la petite dans une école française là-bas et que, si vous êtes d'accord, ils mettront quelques affaires dans votre garage ». « Mais, ajoutent-ils pour vous rassurer, ce n'est qu'à huit heures d'avion et vous pourrez venir aussi souvent que vous le voudrez... » Ben, tu penses, à 1000 euros par personne un aller-retour en classe éco, on fera des navettes !

Oui, ce cataclysme peut se produire et la menace va planer de plus en plus souvent étant donné le nombre grandissant d'entreprises qui se mondialisent. Depuis leur siège social au 84e étage d'un building, elles déplaceront des milliers de petits pions ici et là en fonction des besoins du marché et des dividendes des actionnaires qui se fichent pas mal de savoir qu'à l'autre bout de la planète des grands-parents se retrouvent comme des petits vieux avec leur chien et leur télé, dépouillés des amours de leur vie.

Mais c'est sans compter Skype, la lanterne magique des temps modernes dont l'existence même vous était inconnue jusqu'à ce jour et qui va devenir le geste le plus habituel de votre vie quotidienne. Plus un jour ne se passera sans qu'à une heure prédéterminée en fonction du décalage horaire, vous n'alliez retrouver votre petite famille à des milliers de kilomètres par écran interposé. Ainsi votre petit-enfant vous verra vieillir tandis que vous le verrez grandir, au travers de cet œil invisible et déformant qui sera votre unique regard posé sur des vies devenues aussi lointaines et virtuelles que les séries américaines.

Jusqu'à l'heure tant attendue des vacances où, je l'espère, votre petit monde débarquera pour se ressourcer et manger du camembert bien coulant avec Pôpa et Môman.

Les conseils de Mamy Cœur

Vite, avant que cela ne vous arrive, créez une entreprise familiale de boutons en coquillages ou de confitures de cerfeuil et nommez votre fils ou votre fille à sa tête. Là au moins vous êtes sûrs qu'il n'y aura pas de mutation à l'étranger.

Si vous n'en avez ni l'envie ni les moyens, alors, commandez au plus tôt un ordinateur de dernière génération équipé de tout ce qu'il faut pour que vous puissiez être connectés aussi longtemps et aussi souvent que vous le voudrez. Ça existe.

Peut-être aussi faudra-t-il rogner sur des dépenses devenues subitement inutiles face à l'impérative nécessité de constituer un capital billets d'avion soit pour partir, soit pour payer le billet du petit-enfant à l'occasion de vacances scolaires. Dites-vous que cela ne sera pas un grand sacrifice, car vous n'attendrez plus que ces jours merveilleux où un gros Navion tout blanc vous rapportera sous ses ailes votre bien le plus précieux...

Notes

Acte 8

Un rôle frustrant, souvent…

Tout occupés à idolâtrer leur progéniture, les jeunes parents oublient trop souvent que les grands-parents, eux aussi, piaffent d'amour mais se voient contraints de mendier leur droit de visite. Au chapitre des frustrations, des révoltes et des cœurs gros, attendez-vous à être servis !

La grande scène de l'acte VIII

Il est un sujet qui me semble tellement important que je décide de lui consacrer un chapitre entier. Imprévisible, honteux, rarement évoqué au grand jour, il s'agit du sentiment de frustration qui vrille bien des cœurs de grands-parents en manque. En manque de quoi ? Vous allez le voir.

Ils ont beau jurer leurs grands dieux que c'est faux, que nous sommes paranos, jamais contents, envahissants et carrément casse-pieds, les parents de notre petit-enfant sous-évaluent notre amour et ne comprennent pas que nous « réclamions », oui, que nous réclamions c'est bien le mot, un peu plus de sa présence, de ses nouvelles, de ses bisous et de cette infinité de faits et gestes qui nous émeuvent, nous rapprochent de lui et nous confirment, car il nous arrive d'en douter, que nous sommes bien ses parents les plus proches, juste après son père et sa mère. Eux, débordés, désorganisés, ont un mal fou à gérer leur temps libre et ont une tendance de plus en plus répandue à nous négliger. Pas du tout par méchanceté, ça non ! Mais parce qu'entre boulot, métro, dodo, les copains, la salle de gym, les courses, les dimanches sans mettre le nez dehors ou au contraire à s'échapper au vert, même s'ils nous adorent, nous ne sommes plus prioritaires. Peut-être aussi sous-estiment-ils la passion que nous éprouvons pour leur petite créature et pensent-ils être les seuls à l'aimer à ce point. Alors ils compensent avec les mails, les SMS, les MMS, Facebook et tout ce qui sert à donner des nouvelles sans avoir la corvée de sortir de chez soi...

Nos chers enfants, qui sont nés avec, ont juste oublié que dans ce siècle de communication high-tech, comme ils disent, il manque un petit élément anodin : le contact humain. Ben oui quoi, souvenez-vous : cette sensation bizarre que l'on ressent quand on caresse la tête d'un enfant, que l'on respire son odeur, que l'on passe le doigt sur ses gencives pour sentir la première dent et qu'on le prend sur nos genoux pour lui murmurer des secrets qui lui chatouillent l'oreille et le font rire aux éclats. Tout gonflés de leur statut de jeunes parents, ils négligent les grands-parents dont la machine à aimer tourne trop souvent à vide, et quand on ose leur en faire la remarque, ils se dressent sur leurs ergots, nous accusent d'exagérer et nous rappellent qu'ils ne peuvent tout de même pas nous voir tous les jours... Alors, on la ferme, mais si on compte dans notre tête, ça fait exactement 1 mois, 12 jours et 18 heures qu'on ne les a pas vus !

Cela va peut-être vous étonner, et tant mieux si vous n'êtes pas dans ce cas, mais de nombreux grands-parents « contemporains » vivent de constantes frustrations, d'involontaires mises à l'écart et d'inconscientes rebuffades. Je dois vous en prévenir, car les enfants ne se rendent pas toujours compte du mal qu'ils nous font en nous écartant de ce que nous pensions être la vie de notre famille. Il nous faut grappiller des infos, ruser pour savoir ce qu'ils ont prévu à Noël, mendier un déjeuner dominical et accepter de ne voir le bébé qu'une heure ou deux de temps en temps quand ça les arrange. Alors, petit à petit, on barricade nos états d'âme parce que si, en plus, on revendique ou on fait la tête, il y a risque de mise en quarantaine. Il paraît que, des fois, nous avons tendance à, je cite : trop nous mêler de ce qui ne nous regarde pas, avoir une vision complètement rétrograde ou laxiste (selon les cas) de l'éducation d'un enfant d'aujourd'hui, vouloir envahir leur espace vital, en faire trop (essayez de ne pas en faire assez, et vous verrez...).

Mamy Cœur témoigne

Moi qui vous parle, j'ai vu des grands-mères (qui se reconnaîtront au passage), femmes d'affaires émérites au caractère bien trempé, devenir de véritables mendigotes, prêtes à tout pour qu'on leur fasse l'aumône d'une journée ou d'une soirée avec leur petit-enfant et capables de se traîner sur les genoux (ce qui est non seulement difficile mais aussi très douloureux, je sais, j'ai essayé) jusqu'à l'autre bout de la ville pour grappiller une toute petite visite, entre deux portes. C'est un scandale et en plus ça fait de la peine.

Ça y est, je vais parler comme une vieille bique mais tant pis : dans la situation actuelle de délitement familial et de perte des valeurs traditionnelles qui, dans l'ancien temps, soudaient les générations, nous devrions avoir le cran de taper sur la table et d'exiger de nos enfants qu'ils respectent notre statut et nos sentiments. Même si bodybuildées, liftées et surbookées, nous traversons encore la rue sans déambulateur et faufilons notre petite voiture dans les embouteillages, il ne faudrait pas croire que nos cœurs sont à notre image. Eux sont devenus fragiles comme des cristaux de roche qu'une simple larme peut briser. Les jeunes parents n'ont pas la moindre idée de ce que nous ressentons en vieillissant et quels besoins non formulés nous avons de leur présence, de leur sollicitude et de leur amour. Nous commençons instinctivement à craindre le vide, l'abandon et la solitude.

Les conseils de Mamy Cœur

Je ne l'ai pas fait, mais je vous conseille de le tenter: dès la naissance, définissez avec vos enfants votre tour de garde, une fois par semaine, par quinzaine, au pire par mois. Ainsi, quoi qu'il arrive, vous serez certains de ce contact minimum mais immuable qui vous permettra d'établir une relation stable avec le bébé. D'une fois à l'autre cette relation s'intensifiera et au bout de trois ou quatre ans, son petit cœur sera définitivement accroché au vôtre. Je vous vois déjà boire du petit-lait à la louche lorsque, l'air pincé, sa Maman vous dira: « Chaque fois c'est la même chose, on ne peut plus le ou la tenir, dès qu'il ou elle sait que c'est LE jour de Papy zé Mamy... »

Notes

Acte 9

Un rôle qui gratouille l'ego et chatouille le cœur !

Ben oui quoi, ce bon vieil ego qui vous tient encore debout face aux épreuves de la vie et du temps mais qui va se prendre quelques jeunes claques, sans parler des remontages de bretelles et des interdits face à vos comportements qui leur mettent «grave la honte»!

Le coup de vieux

Depuis le début je vous rabâche que vous appartenez à une nouvelle génération de grands-parents, que vous êtes encore jeunes, dynamiques, et qu'en tenant compte de l'allongement de la durée de vie, il vous reste 25 à 30 années en relativement bon état... Oui, sauf que, pour la génération des petits-enfants, vous êtes le dinosaure de service, et ça, il va falloir l'accepter !

À l'avance, je vous prie de m'en excuser, mais il n'y a pas de raison pour que vous n'en baviez pas, vous non plus. Je vais donc vous livrer ce que j'ai moi-même découvert petit à petit et qui n'est pas rose tous les jours dans la vie des grands-parents de maintenant. Rien de grave, je vous rassure : juste la somme de petites phrases assassines, de brimades et de constats d'impuissance qui donnent la mesure du fossé des générations et le creusent, à votre corps défendant !

Cela vous avait plus ou moins échappé du temps de vos enfants, sans doute parce qu'essentiellement préoccupés de leur éducation et de votre vie qui battait son plein, vous n'aviez pas encore de recul ni de questionnement sur le « qui suis-je et où erre-je, rêve-je ou dors-je ? dis-je à Georges » (mais non, pas George Clooney, il était à peine né !). Aujourd'hui c'est différent et vous avez beaucoup plus de temps pour vous poser les fondamentales questions sur le temps qui passe, la mort qui se rapproche ou la vie qui s'éloigne selon que vous êtes pessimiste ou pessimiste.

Avec la naissance du premier petit-enfant, vous venez de changer de statut, et il n'y a pas si longtemps, on vous aurait appelée l'aïeule... Dieu soit loué, ce mot est décédé. Il n'empêche que maintenant, sauf s'il vous reste une Maman de 101 ans momifiée sur son fauteuil roulant, vous êtes la plus vieille de la famille, et quand on réalise cela, on se prend un sacré coup de vieux dans la prothèse dentaire ! Surtout n'allez pas croire que les choses vont s'arranger sous prétexte que les gens écarquillent les yeux lorsque vous annoncez fièrement que vous venez d'être grand-mère (ou grand-père, mais ces histoires d'âge sont « moins pires » pour les hommes, en général et en apparence).

Vous êtes désormais en possession d'un petit bout d'homme ou de femme qui va vous en faire baver au plus secret de vos illusions, là où votre féminité se bat encore contre le temps. Sachez que, dévastateur puis remonteur de pendules à l'heure, il ne ratera pas une occasion de vous rappeler innocemment à quel point votre âge et le sien n'ont qu'un point commun : le gâteau d'anniversaire au chocolat avec de la meringue à l'intérieur, que vous adorez tous les deux. Il serait malvenu de lui en vouloir ! Vous avez un statut de grand-mère et, du haut de ses 3, 4, 5 ou 6 ans, une grand-mère est incroyablement vieille : et ça, croyez-moi, pour une femme qui se considère encore au mieux de sa forme, c'est dur. Autant que vous vous prépariez vaillamment à affronter le jour où Églantine, ou Séraphin, vous attrapera la peau du visage avec sa petite menotte et vous dira d'une voix tristounette :

« Tu crois qu'un jour je sera vieille comme toi ? »

Adieu Botox, acide hyaluronique, lifto-tenseurs et tous les rêves de jeunesse éternelle à 90 euros le pot. L'enfant vient de ruiner la foi que vous aviez en eux au point de les préférer à un investissement pourtant aussi efficace pour le teint et meilleur pour le moral chez Gevrey Chambertin.

« Oui, un jour tu seras vieille comme moi, tout le monde vieillit, et puis d'abord, tu m'embêtes avec tes questions. »

Ce soir-là, je parie que vous vous regarderez différemment dans le miroir de la salle de bains. Peut-être même découvrirez-vous, pour la première fois, ce vrai visage de Mamy, avec ses quelques rides, ses premiers relâchements et la douce vulnérabilité qu'il dévoile, maintenant qu'il ne se sent plus tout à fait sûr de son pouvoir de séduction.

Les conseils de Mamy Cœur

Entre nous on peut se l'avouer : devenir grand-mère n'a jamais rajeuni personne même si l'on est folles de joie par ailleurs. On a beau se dire que ça pend aussi au nez de Demi Moore ou de Carole Bouquet, attendez de voir la tête du type encore pas mal qui vous propose d'« aller boire un verre » quand vous lui direz que vous êtes la Mamy d'un charmant bambin… Si j'ai un petit conseil à vous donner face à cette étape déterminante pour l'estime que vous devez conserver de vous et de votre apparence, c'est de vous rabâcher chaque matin avant de mettre le pied par terre que :

- la vie est merveilleuse ;
- vous avez perdu 2 kilos ;
- votre mari ou votre amant vous désire encore, et réciproquement ;
- vous avez un petit pull tout neuf qui n'attend que vous dans la penderie ;
- vous avez encore vos parents et ils vont bien ;
- dans quinze jours c'est le printemps ;
- le petit nodule sous le bras qui vous inquiétait tellement est bénin ;
- hier au tennis, vous avez battu une fille de 30 ans ;
- etc.

Énumérez toutes les raisons de vous réjouir d'avoir votre âge, d'être heureuse, en bonne santé, et de profiter pleinement de la joie de voir pousser votre premier petit-enfant. Après tout, dans vingt ans, vous vous direz que vous étiez encore drôlement jeune à 60…

Ses interdits

Chaque époque de l'histoire de l'humanité a connu des tyrans et, depuis les empereurs romains jusqu'aux plus récents exterminateurs ethniques, des hommes et des femmes ont payé au prix fort l'erreur de n'être pas nés du bon côté, différent selon les époques et les courants de pensée. En ce qui concerne les grands-parents, d'hier, d'aujourd'hui et de demain, une bande de mini-tyrans les fait plier depuis toujours sous le poids de leurs diktats et de leurs interdits.

À vous, les Papys zé les Mamys…

Vous qui pensiez, à juste titre, avoir conquis le droit de vivre à votre guise, de penser et d'agir librement, de vous offrir le cabriolet bleu ciel de vos rêves, de porter des jupes gitanes et des ballerines Repetto®, de fumer un bon cigare de temps en temps, d'apprendre la danse orientale, de vous faire une coupe à la Sharon Stone, de partir en camping-car, d'avoir trois chiens ou de faire du bénévolat aux Restos du cœur, oui vous, sachez qu'à l'instant où votre petit-enfant comprendra que l'humanité se range dans des cases pré-étiquetées selon la marque des jeans, le look, le fric, et que le regard des autres est son pire exterminateur, vous serez soumis à ses règles.

Cela devrait commencer au milieu du premier trimestre de la classe préparatoire lorsque, dans la rue, il lâchera votre main dès qu'il apercevra un copain ou une copine. Il sera alors en pleine construction de son identité visuelle, et là, gaffe à vous… Idem d'ailleurs pour ses parents, car il est prêt à renier sa famille entière si « elle lui met grave la honte », celle-ci consistant à se faire traiter à la récré de « bébé » ou de « nul » par ses congénères.

Le look qui (les) tue !

Petits-fils et petites-filles ont des points communs et des points de divergence quant à leurs interdits, mais, vous concernant, ils adoptent le même : vous ne devez pas avoir l'air « d'jeuns ».

« D'jeuns », c'est-à-dire ridicules et excessifs dans votre allure et votre comportement. S'ils tolèrent (et je dis bien tolèrent) que leur mère porte des jeans moulants avec des escarpins, des petits hauts décolletés et du rouge à lèvres carmin, autant vous dire que vous n'avez pas intérêt à en faire la moitié du quart ! Habillez-vous et maquillez-vous comme vous le voulez dans la vie courante, mais lorsque vous avez des rendez-vous avec votre petit-enfant, ou plus encore, lorsque vous allez le chercher à l'école, là, devant toute sa classe, rien ne doit vous différencier de la forme du réverbère, ni de la couleur du trottoir.

Les conseils de Mamy Cœur

Selon mes observations, lorsque j'étais cachée derrière les poubelles à la sortie des écoles (mais non je plaisante), la tenue idéale de grand-mère en représentation consiste en :

- un imper Burberry®, ou même genre, avec en dessous une jupe et un pull dont il n'y a strictement rien à dire ;
- des mocassins marron, moches mais casual ;
- le foulard en soie vraie ou fausse, imprimé façon H (si j'écris la marque en entier, vous croyez qu'ils m'offriront un Kelly ?), autour du cou s'il fait beau, sur la tête s'il pleut.
- un sac à bandoulière, sans marque visible, du sac basique qui ni ne cliquette ni ne brille.
- des cheveux tirés ou impeccablement brushés, mais, en aucun cas une coiffure débraillée à la Britney Spears...

- le maquillage, oubliez-le s'il est embellissant mais trop voyant : ce n'est ni l'heure ni le lieu du glamourissime.

Sa Mamy doit avoir l'air d'une vraie Mamy, un point c'est tout. Mais si vous me demandez de développer, je ne peux que vous dire : l'air d'une personne respectable, dépouillée de sa séduction, qui ne fait pas rigoler les copains ou les copines et qui n'appartient qu'à lui.

À l'inverse, le Papy, lui, peut rouler des mécaniques et faire le « vieux beau ou le vieux con » (c'est selon...), même à la sortie de l'école, sans que cela outrage ces chères têtes blondes. Je dirais même mieux : elles sont très fières d'avoir un grand-père qui fait des grimaces dans le dos de la dirlo', parle fort, porte des lunettes à montures rouges, des cravates rigolotes, klaxonne pour faire peur aux piétons et peut, devant les copains ébahis, soulever son petit-fils ou sa petite-fille d'un seul bras, tellement il est fort ! C'est trop injuste, comme dirait Calimero.

Mais, telle que je vous connais, vous ne tiendrez pas longtemps le côté mémère méritante et viendra le jour où, pour sortir avec le petit-enfant, vous aurez envie de porter le petit manteau rouge qui vous va si bien avec le béret assorti et les Stilettos® complètement insensés dont vous êtes folles et qui vous ont coûté un bras.

Les tests de Mamy Cœur

Pour ne pas virer grand-mère indigne, je vous laisse cinq secondes pour découvrir les mots à éliminer de cette dernière phrase.

5, 4, 3, 2, 1, 0, c'est terminé !

Explication de texte: que vous portiez un manteau rouge, passe encore bien que cette couleur, à votre âge et dans son esprit, fasse un peu trop Petit Chaperon, mais qu'il soit assorti à un béret, alors là n'y pensez même pas. Je vous l'ai dit, à part le foulard H ou façon H par temps de pluie, rien ne doit jamais venir couvrir votre tête. Le jeune enfant, fille ou garçon, déteste tous les bibis dont vos placards regorgent peut-être mais qui, pour lui, représentent les symboles de la non-conformité, donc du ridicule, donc des moqueries des copains et des copines.

Là encore, nouvelle injustice, le Papy pourra sans crainte arborer une casquette totalement ringarde, un chapeau de néo-clodo ou un béret basque sans essuyer la moindre réflexion tandis que vous, vous serez immédiatement épinglée:

« Il est trop moche, Mamy, ton chapeau, tu vas pas le laisser sur ta tête, hein ? Ça te va pas. »

Et allez donc, prenez ça dans les gencives, d'autant plus que la suite ne va pas tarder, à propos des chaussures...

« Mais c'est quoi tes chaussures ? Quand tu marches, on dirait que tu as peur de te casser la figure: tu fais des petits pas, tu sais, comme une poule ! C'est pas beau quand c'est haut comme ça. »

Pendant que j'y pense, notez aussi de ne jamais évoquer tout ce qui pourrait exister de faux sur vous: faux ongles, faux nez, lifting, impensables faux seins et tout ce qui se fait de mieux ou de pire pour donner aux femmes l'illusion de maintenir le cap au fil des ans. Ce qui est faux sur vous l'est aussi en vous, selon la perception d'intégrité absolue qu'un enfant a de ses grands-parents. Que vous le vouliez ou non, il va falloir accepter l'idée de votre irréprochabilité, car à 5 ans, quelle pire duperie peut-on imaginer de la part d'une grand-mère, la sienne en l'occurrence, que d'apprendre qu'elle s'est fait mettre des « trucs en faux ».

Non, pas de bras d'honneur en voiture !

De nos jours, à ce que j'observe dans les milieux que je fréquente, la race des grands-mères cul-pincé, punaises de bénitier est en voie d'extinction.

Les « jeunes grands-mères » sont très actives, ont le teint frais parce qu'elles le valent bien, sortent et voyagent avec leur bande de copines. Elles s'offrent même parfois des histoires d'amour et continuent d'arborer des comportements de femmes-femmes malgré le spectre de la ménopause dont on leur rebat les oreilles, surtout à la radio, avec les pubs matraquées pour des trucs et des machins anti-ventres ballonnés, fuites urinaires et autres désagréments de la femme qui aurait atteint cette période fatidique, selon les pubeux dont je plains les mères et les épouses.

Faisant fi de l'image de dignité que leur date de naissance et leur nouveau statut devraient leur imposer, certaines se comportent toujours comme des filles libres, n'oubliant jamais que c'est leur génération qui s'est battue auprès de Simone Veil et de Gisèle Halimi pour le droit à l'avortement et la contraception. Oui, c'est cette génération-là, la nôtre, qui a permis aux femmes de franchir vaillamment le passage long et difficile qui va de l'esclavage au bras d'honneur brandi en direction d'un automobiliste mâle qui nous traite de « mal baisée » en nous faisant une queue-de-poisson (tout ça parce qu'on a un peu ralenti devant une vitrine).

Un jour donc, et dans beaucoup moins longtemps que vous ne l'imaginez, votre petit-enfant vous jugera. Non pas sur vos valeurs fondamentales, mais sur ces comportements du quotidien qui vous paraissent anodins et qui, à ses yeux, sont inacceptables venant de leur grand-mère admirable et adorée.

Les interdits de Max

Devant lui, ne faites jamais, au grand jamais :

- le bras d'honneur ;
- le lâcher de jurons ;
- l'empoignade en pleine rue ;
- la petite cuite d'un soir de rigolade.

En revanche, lorsqu'il aura le dos tourné…

L'incontournable ordi maudit-chéri

- Parlez-vous 8 langues ?
- Êtes-vous un artiste renommé dans le monde entier ?
- Possédez-vous les vignobles bordelais les plus prestigieux ?
- Avez-vous fait une brillante carrière dans la finance, l'architecture, la magistrature ou l'enseignement ?

Tout cela n'est que roupie de sansonnet, c'est-à-dire crotte d'oiseau, c'est-à-dire moins que rien si, parallèlement, vous n'êtes même pas capables de vous servir d'un ordinateur, qui est à l'enfant d'aujourd'hui, à peine sorti de ses couches-culottes, ce que la toupie ou la dînette étaient dans votre jeunesse : un jouet usuel, facile à manipuler et assurant des heures et des heures d'immersion dans une relation passionnelle avec un « machin en plastoc » plein de touches et de sons bizarroïdes. Sauf qu'avant de savoir faire tourner une toupie ou servir des grains de riz à la sauce cailloux dans une toute petite assiette, il n'était pas nécessaire d'avoir appris par cœur *L'Informatique pour les Nuls*… – bréviaire ô combien utile aux Papy zé Mamy qui avaient réussi jusqu'alors à échapper à l'emprise de cette machine infernale, prétextant qu'ils n'avaient pas besoin de « ça » pour écrire, compter et savoir la date de naissance de Louis XIV.

N'essayez pas de vous dérober : vous n'y échapperez plus, sauf si vous êtes prêts à accepter de passer pour de pitoyables rétrogrades aux yeux de votre petit-enfant qui n'imagine pas une seule de ses journées sans le moindre clic. Non seulement vous viviez tranquillement sans ordinateur, mais vous étiez aussi enchantés de votre téléviseur d'il y a dix ans, de votre téléphone sans fil et de votre vieil appareil photo qui marchait avec des pellicules dont vous n'aviez jamais compris à quoi correspondaient les ASA mais qui faisaient des photos à coller dans de vrais albums à feuilleter en famille.

Maintenant, mes amis, il va falloir vous mettre à la page, et vite ! Entre le jour de la naissance de l'enfant et la date limite de votre apprentissage, théorie et TP inclus, vous n'allez disposer que de quatre pauvres petites années, ce qui n'est pas grand-chose compte tenu de votre niveau 0. Dites-vous bien que ce que vous allez découvrir, et réussir tant bien que mal à assimiler durant ces quelques années, sera quasiment inné chez votre petit-fils ou votre petite-fille. Et n'allez pas croire que c'est parce qu'il est plus intelligent que la moyenne ! C'est juste que l'informatique est maintenant un sixième sens. Ne me demandez pas pourquoi ; je constate, c'est tout.

La première étape est bien entendu de partir acheter un « ordi » dans un magasin spécialisé et de vous préparer à affronter l'air condescendant d'un jeune vendeur qui vous parlera comme à une débile profonde en utilisant exprès des mots que vous n'avez jamais entendus. *Keep cool*, il faut en passer par là.

Les conseils de Mamy Cœur (qui s'est bien fait rouler dans la farine)

Faites-vous accompagner, non pas de votre conjoint avec lequel vous allez forcément vous disputer, car il croit s'y connaître mieux que vous, mais de votre fils ou votre fille, si vous pensez qu'il ou elle est capable d'évaluer votre niveau d'incompétence ainsi que votre potentiel d'adaptabilité ! Le vendeur d'ordinateur est un être avide et perfide en lequel une personne telle que vous ne doit avoir aucune confiance : il vous voit arriver de loin, même si vous ne faites pas votre âge, et flaire la poire suffisamment blette pour s'écraser en bouillie entre ses doigts crochus !

N'oubliez jamais que dans le dos d'un vendeur d'ordinateur est toujours tapi un vendeur d'ADSL, d'appareil photo numérique, de téléphone à écran tactile, de bluetooth, d'écran plasma HD, et tant qu'on y est, de GPS – j'en passe et des meilleures.

Une fois le fameux ordinateur installé, n'allez pas croire que les 6 pages d'explications du manuel d'accompagnement vous permettront de maîtriser l'engin diabolique que vous réussissez juste à allumer, puis à éteindre. Là encore, un coach personnel sera nécessaire au début, si vous êtes de la race des surdoués, et durant de longs mois, si vous êtes de la race normale des « tout juste passables » !

Les conseils de Mamy Cœur

Pour cet ordi'coaching, évitez à tout prix un membre proche de la famille tel que fils, fille, neveu, nièce : on a vu des parents déshériter leurs propres enfants pour de sombres histoires de liens hypertexte, de fractionnements des cellules et de mises en forme automatiques... et l'on ne compte plus les portes claquées ni les bouffées de rage contenue du coach familial devant le regard bovin de sa parente, accusée de mauvaise volonté parce qu'après des heures et des heures d'explications elle n'a toujours pas compris qu'un bureau n'est pas un meuble en bois, mais un écran sur lequel on range des fichiers, des documents et des barres d'outils...

Spécial Papy

Petit coup de chapeau aux Papys qui sont généralement plus ouverts ou habitués à l'informatique. À croire qu'il y a dans le cerveau masculin, même chez des sexagénaires, un programme d'accès direct à des bases de données auxquelles le cerveau féminin est hermétique. Bravo les gars, mais sachez que nous commençons à nous y mettre !

C'est donc enfin triomphante qu'après tant et tant d'efforts vous maîtrisez, que dis-je, vous dominez votre ordinateur. Peut-être même, éprouvez-vous une certaine tendresse envers lui. Amélie ou Louis-Eugène peuvent toujours la ramener, maintenant vous êtes en mesure de rivaliser avec eux sans les entendre vous dire en zézayant : « Mamy zé Papy, çé pas là qu'il faut appuyer, z'avez tout effacé maintenant. Moi ze joue plus avec vous si c'est toujours comme ça. C'est pas drôle à la fin ! »

Ce que vous ignorez encore, pauvres de vous, c'est qu'à partir de ce simple ordinateur, au dos duquel vous pouvez discerner une dizaine de prises de tailles diverses, vont venir se connecter des choses dont vous n'avez pas la moindre idée. De Noël en anniversaire, vous découvririez qu'à chacune de ces prises correspond la fiche d'une nouvelle invention qui, sous des noms japonais ou américains, change de numéro tous les deux ans ! À raison de 450 euros à chaque nouveauté, non seulement vous contribuerez à gonfler la valeur des stock-options de ces marques déjà richissimes, mais il vous faudra aussi apprendre à y jouer. On dit que certains grands-parents y prennent du plaisir. Mais combien d'autres souffrent en silence et se battent sans conviction contre d'ignobles monstres sanguinaires que seuls des esprits tordus de Silicon Valley ou Osaka peuvent concevoir ? C'est pourtant à ce prix que vous pourrez garder la tête haute et vous considérer comme des grands-parents pratiquant la modern attitioude...

Mais, quand je parle de prix, je n'ai pas encore évoqué le coût global de l'immersion en informatique, que vous allez subir d'abord de plein fouet puis en un lent goutte-à-goutte, au fur et à mesure que Choupinet ou Choupinette grandira jusqu'à devenir l'ado exigeant et renfrogné dont vous ne soupçonnez pas encore l'existence.

Sachez qu'un ordinateur se démode beaucoup plus vite qu'un petit pull Sonia Rykiel et qu'il faut en changer tous les quatre ans maximum. Pour les jeux vidéo, je vous ai mis au parfum mais l'avenir nous réserve sûrement de nouvelles surprises. Et puis, l'écran plasma va s'imposer, et puis vous serez montrés d'un doigt moqueur si vous n'avez pas le dernier portable avec TV incorporée, et puis sortira le truc et le machin qui vont avec ! Ce sera l'escalade, toujours plus, toujours mieux, acheter, acheter encore, juste pour briller aux yeux de votre jeune tyran et être certains qu'il viendra chez vous avec plaisir, sachant qu'il va y trouver le top du top de la high-technology dont lui et ses copains rêvent et que les parents n'ont peut-être pas les moyens de leur offrir !

Les conseils de Mamy Cœur

À franchement parler, je n'ai pas de conseil à donner, car, à ce jour, je considère que je suis déjà allée trop loin en la matière et ai largement dépassé mes limites de compétences en informatique. Mais je pense quand même qu'à trop vouloir « en faire », nous risquons d'altérer notre véritable raison d'être dans le cœur de nos petits-enfants. Dans cette société tellement matérialiste, n'avons-nous pas d'autres valeurs à défendre que celles d'un iPod, d'un iPhone, ou d'un i... je ne sais trop quoi ? Que restera-t-il de nous, dans leur souvenir, si notre rôle s'est borné, pour qu'ils apprécient notre compagnie, à partager avec eux ces jeux coûteux et éphémères, qu'ils oublieront tellement plus vite qu'une montée tout en haut de la tour Eiffel, ou encore la fois où vous leur avez fait la surprise de prendre l'Eurostar pour les emmener passer un week-end à Londres ?

Selon le bon vieil adage « Faites ce que je dis, pas ce que je fais », puisque j'en suis déjà à la PS3 (les initiés comprendront !), tout cela mérite réflexion et, sans pour autant nous arc-bouter sur des valeurs passéistes, peut-être est-il temps de modérer l'inflation technologique qui transforme nos salons en stations spatiales et nous relient à la jeune génération par connexion bluetooth. Vouloir être « dans le coup » est tout à votre honneur, je crois simplement qu'il ne faut pas sombrer dans l'excès, au risque de sombrer aussi dans notre mission.

Une éducation à la *do it yourself*, c'est-à-dire « n'importe quoi, n'importe comment »

Dolto : ce nom résonne joliment au paradis des enfants propres sur eux et élevés selon des principes pédagogiques réservant une place privilégiée à l'écoute, au dialogue et au respect de sa jeune personnalité ! Mais soupçonnait-elle alors ce que deviendrait la vie quotidienne des enfants d'aujourd'hui dont beaucoup rentrent seuls de l'école à 10 ans, font leurs devoirs, décongèlent une pizza dans le four à micro-ondes et la mange à même le carton devant la télé parce que les parents travaillent et rentrent trop tard pour dîner en même temps qu'eux ?

C'est pourtant le modèle banal de survie d'un enfant dans le milieu hostile de notre société où le cercle de famille s'est tellement agrandi qu'il a éclaté. Pas de temps, trop de boulot, des soucis de fric, les parents ne mettent plus leurs enfants d'aujourd'hui à l'abri des problèmes d'adultes et les entraînent avec eux dans le sillage de ce que j'appellerai la solitude organisée. Vous allez être surpris de voir à quel point les petits deviennent trop vite des grands. Quel dommage !

Puisqu'il y a de l'or dans votre rôle de grands-parents, c'est le moment de l'astiquer ! Vous n'avez plus, en principe, à vous battre sur le front de votre carrière professionnelle, vous êtes, en principe, plus sereins et plus disponibles que les parents, c'est donc à vous, toujours en principe, que va incomber la mission de combler les moments de cette solitude et de préserver l'âme d'enfant de votre petit-fils ou de votre petite-fille.

Même s'il regimbe pour la forme, il devra, auprès de vous, se sentir protégé mais dirigé. Qu'il le veuille ou non, il lui est essentiel de se savoir bordé d'amour, certes, mais aussi de certaines règles et valeurs de vie. Un petit côté pédagogique « à l'ancienne » lui fera le plus grand bien. Sans pour autant vous glisser ni dans la peau de ses parents ni dans celle d'un censeur, reprenant, corrigeant et donnant sans cesse des leçons, vous allez profiter des vacances, des week-ends et des petits moments où vous serez seuls avec l'enfant pour lui faire découvrir, mine de rien, qu'il y a une vie plutôt chouette en dehors de la télé, des fast-foods, des trottoirs pour jouer et des parents qui l'aiment plus que tout mais qui confondent trop souvent éducation, passion et précipitation.

Le poids des marques, le choc des vêtements

Passons maintenant au chapitre plus léger de l'habillement mais qui n'est pas le moindre ni pour les parents, ni pour les enfants, ni pour les grands-parents qui eux n'auront qu'un droit : celui de se taire.

Après avoir connu l'extase des premiers mois d'achats débridés de vêtements de bébé que les jeunes parents découvraient émerveillés, une certaine forme de désenchantement s'est emparée de vous aux alentours des premiers pas. Vous avez en effet réalisé petit à petit que l'enfant ne portait jamais les tenues que vous aviez tendrement choisies en pensant qu'il ou elle serait à croquer dans cette adorable robe écossaise ou ce petit blouson en velours bleu marine et blanc. Vous avez d'abord placé cela sur le compte du hasard, puis un jour, n'y tenant plus, vous avez mis les pieds dans le plat et posé carrément la question aux parents :

« C'est bizarre, mais je ne le vois jamais avec les vêtements que je lui ai achetés. Ils sont jolis pourtant ! »

Là, regard gêné et réponse embarrassée des parents :

« C'est-à-dire, mais surtout ne le prends pas mal, tu vois, nous n'aimons pas trop ce style. Nous, on préfère l'habiller super cool, en jeans et baskets, et pas du tout style enfant modèle... »

Et vlan ! Prends ça dans les dents.

Si vous faites alors un rapide calcul, ce qui n'est pourtant pas votre genre, vous réalisez qu'en quelques mois vous avez dépensé une petite fortune endormie au fond d'un placard et attendant d'être bazardée lors d'un prochain vide-greniers. En outre, vous découvrez, selon les non-dits de vos enfants, que vous avez un goût de chiotte et que vous n'êtes plus du tout dans le coup. Il ne vous semblait pourtant pas insensé de vouloir habiller une petite fille en petite fille et un petit garçon en petit garçon, non? Eh bien si. Enfoncez-vous dans la tête que la mode enfantine, selon vos codes et vos souvenirs, n'existe plus. On est passé à l'uniforme de la non-couleur et de la non-forme.

Depuis le jour où il se tiendra debout, jusqu'à très tard dans la vie, un garçon ne portera que:

- des jeans (d'une certaine marque);
- des baskets (d'une certaine marque);
- des T-shirts (de l'équipe sportive de son choix);
- des sweats à capuche (d'une certaine marque);
- des casquettes de base-ball.

Petite variante pour la fille, qui peut également n'aimer que ce genre de fringues mais que l'on voit souvent basculer vers 5-6 ans dans le monde – impitoyable pour les gens de goût – de Barbie® et qui peut se rouler par terre en hurlant à l'idée de ne pas porter sa robe qui brille, son manteau rose bonbon et son précieux serre-tête avec des strass et des fleurs en plastique le jour de la rentrée scolaire!

Au sujet de l'allure générale, nous pouvons évoquer un instant la coiffure qui peut être encore pire que mon cuisant souvenir de coupe en brosse. Pour les garçons, vous aurez peut-être droit, selon la sensibilité des parents et le talent du coiffeur-massacreur, à une coupe iroquoise, à une coiffure de footballeur ou à des cheveux plaqués au gel façon latin lover.

Les petites filles, sauf celles qui participent à des concours de Baby Miss, ne courront pas le ridicule des choucroutes et des anglaises. Mais si elles adorent les cheveux longs, soit elles seront constamment mal coiffées avec des mèches dans les yeux, soit de douloureux élastiques maintiendront (et abîmeront) leurs cheveux tenus en queue-de-cheval ou en couettes. Rares sont les grands-parents qui exhibent fièrement une petite fille parée d'une impeccable coupe au carré qui lui va si bien.

En résumé : lorsque vous vous promènerez avec votre petit-enfant, fille ou garçon, il vous faudra assumer, la tête haute, des vêtements de marques bien visibles, une coiffure parfois improbable, et faire comme si tout cela participait de votre choix, à vous aussi, notamment lorsque vous affronterez le sourire narquois de votre aristocratique voisine, la Durieux des Oucques.

Les conseils de Mamy Cœur

Je frémis en imaginant le sort des grands-parents qui prendraient l'initiative d'emmener le petit ou la petite chez le coiffeur ! Les parents ne vous le pardonneraient pas et vous risqueriez le limogeage.

Quant à la dégaine, aux vêtements et aux accessoires, ces premières années ne sont rien comparées à ce dont vous serez menacés vers 13 ans... Regardez autour de vous actuellement et dites-vous que cela sera peut-être encore pire que les mangas, les grunges, les destroys, les gores, les gothics, j'en passe et des meilleures. La seule consolation sera alors de savoir que les parents également dépassés souffriront autant que vous !

Mais au fait, vous, comment étiez-vous au même âge ? Les premiers jeans faisaient leur apparition en même temps que les duffle-coats et vous revoyez encore le regard consterné de votre Mémé qui vous trouvait attifée comme l'as de pique...

Notes

Acte 10

Un rôle placé sous la Haute Autorité parentale

Vous aplatir devant vos enfants n'a jamais été dans votre nature. Il va pourtant falloir vous y mettre et accepter la dure loi de la vie : ce sont ses parents qui décident. Pas ses grands-parents. OK ?

Attention aux ondes de choc !

Je me souviens comme si c'était hier d'une Mamy (c'était moi) qui attendait son petit-fils de 3 ans au restaurant, lorsqu'elle le vit entrer, tenant fièrement Papa et Maman par la main, avec les cheveux coupés en brosse. Une semaine auparavant, elle avait quitté un ravissant angelot, le visage auréolé de boucles blondes : elle retrouvait un jeune Teuton au regard d'acier et aux oreilles légèrement décollées, auquel il ne manquait que la culotte de cuir pour chanter aïli aïla. Elle faillit pousser un cri mais le réprima en se souvenant qu'elle était dans un lieu public. Pourtant, le choc fut tel que les larmes lui montèrent aux yeux.

Elle venait de réaliser deux choses : la première était qu'il avait effectivement les oreilles décollées et qu'elle ne s'en était jamais rendu compte auparavant et la seconde, mais pas la moindre, était que, oui en effet, elle n'avait qu'un rôle secondaire dans la vie de cet enfant puisque ses parents pouvaient faire de lui ce qu'ils voulaient, en la mettant devant le fait accompli. D'ailleurs, à la question :

« Mais comment avez-vous pu faire ça ? »,

La réponse fusa :

« Il faisait chaud, on a trouvé que ça serait mieux pour lui, et en plus, on en avait envie depuis longtemps pour voir si ça lui irait : pourquoi, ça ne te plaît pas ? »

Surtout ne pas répondre à cette provoc' ou plutôt si, mais *in petto*, pour se soulager :

« Allez vous faire voir, vous et votre ami Fritz. Faites ce que bon vous semble, après tout, ce n'est pas le mien, mais ne me demandez surtout pas de vous dépanner le jour où vous aurez besoin de moi pour l'emmener à l'école coiffé comme ça. »

Cela pour vous préparer, chers Papy zé Mamy, à bien des contrariétés, face aux modes éducatifs et aux lubies des parents de votre cher petit-enfant !

Z'auriez pas dû !

Vous vous ferez peut-être la réflexion, en lisant ces pages, qu'au fond les principales difficultés rencontrées par les grands-parents dans leur apprentissage ne viennent pas forcément des petits-enfants mais de leurs parents. C'est aussi ce que j'ai constaté à regret et le sujet que j'aborde maintenant ne nous fera pas changer d'avis, ni vous ni moi. Il s'agit, en effet, des salves de remontrances et de reproches dont nous sommes régulièrement bombardés par les jeunes parents.

Si vous avez suivi à la lettre les conseils de Mamy Cœur, vous êtes en droit de penser que vous êtes des nouveaux grands-parents épatants, irréprochables, toujours là quand il faut et ne la ramenant pas quand il ne le faut pas. Et vous l'êtes... sauf pour les parents qui ne cessent de vous accuser de transformer leur petite perle rare en enfant pourri-gâté dès qu'il passe quelques jours, ou même quelques heures avec vous. Examinons les faits aussi objectivement que possible.

D'après eux, depuis les vacances, ils ne parviennent plus à se faire obéir : refus d'aller au lit à 20 heures, hurlements s'ils interdisent les croûtons de baguette avant de passer à table, nouvelle lubie de la pizza au saucisson et bouderies dès qu'on élève un tant soit peu la voix.

Mais qu'avez-vous donc fait ?

Moi, je le sais.

Vous étiez tellement heureux de l'avoir pour vous tout seuls pendant des vacances que vous avez délibérément mis au placard tous mes conseils. D'un commun accord avec le Papy vous avez décidé de vous éclater et de jouer aux grands-parents de rêve en laissant au Papa et à la Maman les lourdeurs de la discipline. Pas question, vous êtes-vous dit, que le petit ou la petite ne conserve pas un souvenir émerveillé de son Papy et de sa Mamy, avec lesquels en vacances, tout est possible, joyeux et baigné de tendresse, sans gronderies ni punitions. Je serais tentée de vous dire que vous avez bien fait, mais est-ce bien raisonnable? Ce petit filou a vite fait de déceler les failles qui fissurent les adultes et les vôtres lui sont désormais familières : ce que vous aurez toléré une seule fois deviendra un acquis et l'on vous rappellera à l'ordre si vous vous rétractez.

Alors évidemment, les critiques parentales tombent dru. Généralement le lendemain du retour, lorsque l'enfant leur a fait passer une soirée de cauchemar :

« Vous êtes complètement irresponsables, un enfant ne s'élève pas comme ça, vous fichez toute notre éducation par terre en quinze jours, il a grossi de 3 kilos, il est infernal, c'est un caprice toutes les deux minutes, et puis qu'est-ce que ces jouets idiots qu'on a trouvés dans sa valise, si c'est comme ça, on ne vous le confiera plus, et blablabla... »

Cause toujours, penserez-vous, nous, on a fait ce que nous pensions devoir faire. Nous ne sommes pas des Pères fouettards et les vacances avec nous servent à lâcher la bride. Il sera bien temps à la rentrée de le remettre dans les rails, oh, et puis zut : l'essentiel est que le petit chéri ait passé de bonnes vacances avec son Papy zé sa Mamy. Et surtout qu'il ait envie de revenir l'année prochaine ! C'est dingue ce besoin qu'ont les grands-parents d'être aimés. On les sent prêts à tout !

Les conseils de Mamy Cœur

Je constate que mes conseils ne servent finalement pas à grand-chose dès que j'ai le dos tourné ! Pourtant, rien ne vaut un vécu vrai et je sais que vous m'écouterez si je vous conseille de moduler progressivement, dans l'avenir, les excès de la première fois. Si, en effet, vous lui avez autorisé l'impensable quand on est des adultes doués de raison, c'est-à-dire de manger des bonbons et des chips lors d'un dîner, ne les lui interdisez ensuite pas brutalement, mais proposez-les plutôt à son goûter, un jour l'un, un jour l'autre, et s'il les veut vraiment en même temps (les enfants ont des lubies gustatives hallucinantes), diminuez les quantités de moitié, puis du quart jusqu'au jour où vous remplacerez cet ignoble magma par un bon gâteau de Mamy avec des bonbons en décoration.

Reconnaissez maintenant que vous avez eu vraiment tort de ne pas le mettre au lit à 20 heures comme ses parents l'avaient souligné dans leur fiche de recommandations. Bien sûr, les soirées avec lui à jouer aux Mille Bornes® ou à regarder Louis de Funès à la télé étaient délicieuses, mais il va falloir redresser la barre, et pour cela : de la ruse, toujours de la ruse ! Plutôt que de claironner qu'il y a effectivement ce soir la énième rediffusion de *L'Aile ou la cuisse*, prenez une mine consternée pour annoncer qu'il n'y a que des documentaires sur toutes les chaînes et que vous et Papy allez faire des mots croisés. Il voudra traîner un peu avec vous, c'est normal, mais comme il s'ennuiera vite, il sera facile de le mettre au lit, de lui raconter une petite histoire et vous verrez ses paupières nacrées se refermer sur ses beaux yeux baignés de sommeil. Le lendemain, il suffira de mettre la télé en panne, le surlendemain de ne pas avoir trouvé de dépanneur, et en trois soirs, il aura retrouvé ses bonnes habitudes. Évidemment, vous attendrez qu'il dorme profondément pour la rallumer ! Quant aux jeux de société, ils seront réservés aux après-midi maussades.

De nombreux Papy zé Mamy ne rateraient pour rien au monde *Questions pour un champion*. Du coup, le petit-enfant en vacances regarde aussi et finit par adorer. Donc, à ce sujet, mon conseil est de ne pas vous priver du plaisir de votre émission préférée (celle-là ou une autre), car les jeunes parents auront vite fait de la lui faire oublier.

L'épuisement

Vous êtes encore sportifs et vous avez raison. Parmi les règles hygiéno-diététiques des cardiologues, rhumatologues, pneumologues, diabétologues, non je n'ai pas dit gérontologues… le sport est une recommandation primordiale pour le cœur, les poumons, les articulations et tout ce qui se déglingue à partir d'un certain âge. Mais il n'y a pas que ça ! La pratique régulière d'une activité sportive est aussi le seul moyen de tenir le coup, ne serait-ce qu'une journée, avec votre petit bonhomme ou votre petite bonne femme. Sa pleine forme fait plaisir à voir ! Ses jambes courent sans interruption de haut en bas, de gauche à droite, dehors, dedans, partout et de préférence près d'un escalier ou d'une bordure de bassin. Ses menottes tripotent tout ce qu'elles rencontrent et Dieu sait que les bibelots ne manquent pas chez vous, notamment cette collection de flacons à liqueur Napoléon III, gravement menacée de destruction massive…

Un enfant heureux joue, chante, crie, court et réclame votre attention à tout moment. Il a faim puis soif, a envie d'aller se promener, vous lâche la main dans la rue, se cache, vous croyez l'avoir perdu, il ne veut pas faire la sieste, tracasse le chien, joue au ballon dans la cuisine, saute sur les genoux de Papy qui piquait un petit roupillon, renverse son bol de chocolat – vous compléterez vous-même. Garder un enfant provoque un épuisement absolu, car, à ses besoins nombreux et incessants, s'ajoutent la lourde responsabilité de sa sécurité, l'affolement à la moindre chute, la nécessité de jouer avec lui, de répondre à ses questions, de faire en sorte qu'il n'y ait aucun temps mort. À son âge, on ne sait absolument pas ce que signifie le mot « repos ». Anticipez donc l'ampleur de votre tâche lorsque vous vous apprêterez à l'accueillir et forcez sur l'entraînement physique et mental, comme les sportifs de haut niveau…

État d'âme de Mamy Cœur

Il y a un courant actuel qui m'énerve et qui consiste à dire qu'un enfant dynamique est un enfant hyperactif, donc anormalement agité et incontrôlable. Avant de poser un tel diagnostic, notre société ferait mieux de revoir à la hausse le nombre d'heures qu'il passe dehors à se dépenser, la façon dont il prend ses repas, l'écoute qu'on lui prête et son temps de sommeil. Ce n'est pas devant une console de jeux, dans un appartement en ville, qu'il va brûler sa jeune énergie… et toc, ça, il fallait que je le dise. Si votre petit-fils ou votre petite-fille vous épuise, considérez que c'est tout à fait naturel et par pitié n'allez pas insinuer qu'il est peut-être hyperactif. Donnez lui des Oméga-3, cela lui fera le plus grand bien.

Les conseils de Mamy Cœur

Quand bien même vous seriez surentraînés, au meilleur de votre forme, à la limite de battre votre propre record, s'il est un lieu où je vous déconseille d'emmener votre petit-enfant, en ce chapitre consacré à l'épuisement, c'est bien à Disneyland Paris, au parc Astérix ou dans tout autre parc d'attractions dépassant le kilomètre carré. Son jeune Papa roi du jogging et sa Maman reine de la brasse papillon feront cela parfaitement, mais vous, NON. On a vu là-bas des grands-parents hébétés et incapables de marcher jusqu'à leur voiture, s'affalant sur le bord de la route qui mène au parking. On en a vu d'autres s'endormir au milieu de la descente sur le scenic railway, c'est dire… Croyez-moi, ne faites pas cela même si l'on vous en supplie : c'est une épreuve inhumaine au-delà de 40 ans !

L'anxiété

Déjà du temps de vos enfants, vous viviez dans l'angoisse de la maladie, de l'accident, de l'enlèvement ; c'est bien simple, vous n'étiez pas une mère mais une boule de stress ambulante, rabâchant les conseils de prudence, les mises en garde et les alertes. On aurait pu supposer que le temps allait apaiser cette propension à la dramatisation et à la surprotection, que les ans aplaniraient vos méfiances et que vous accepteriez l'idée que le monde n'est pas uniquement peuplé de virus mortels, de chauffards fous et de pédophiles.

Eh bien non, pas du tout. La psychose a ressurgi et ce ne sont pas les faits divers martelés au journal de 20 heures qui vont la calmer. C'est même encore pire avec votre petit-enfant né dans un monde violent, pollué et menacé de catastrophes écologiques dans les trente prochaines années. Ces perspectives épouvantables ajoutées au fait qu'il n'habite pas sous votre toit et se trouve ainsi en dehors de votre champ magnétique « haute protection » vous le font imaginer avançant nu et désemparé parmi tous les dangers. Je pourrais me permettre de vous rappeler que ses parents veillent sur lui, mais vous me répondriez qu'ils sont bien trop jeunes pour tout prévoir et que c'est à peine s'ils savent prendre soin d'eux !

S'il est donc un point épineux et carrément horripilant dans le comportement d'une Mamy, c'est bien celui de ses inquiétudes constantes et de cette manie qu'elle a de harceler les jeunes parents dès qu'il y a un courant d'air ou une épidémie de grippe. Le Papy, plus pragmatique, y échappe généralement et essaye en vain d'apaiser ces angoisses psychotiques que les faits les plus anodins provoquent aussitôt. Il arrive même que Papy se voit obligé de s'arc-bouter sur le téléphone pour vous empêcher d'appeler les parents à l'annonce d'un cas de coqueluche dans le journal régional et se fâche en vous traitant de « casse-pieds », et je suis polie.

La température dépasse les 25 °C ? Vous êtes certaine que l'enfant est trop couvert, qu'il ne boit pas assez et qu'il va sûrement se déshydrater. Il fait – 2 °C, vous l'imaginez aussitôt sans bonnet (otite), sans moufles (engelures), sans écharpe (angine), et sans trois épaisseurs de lainages (pneumopathie).

Qu'une petite fièvre apparaisse ou qu'une maladie bénigne se déclare, vous cessez de respirer, si toutefois vous en avez été prévenus, ce qui n'est pas forcément le cas lorsque les jeunes parents redoutent vos affolements excessifs et choisissent de ne vous en parler qu'après la guérison, ce qu'évidemment vous ne leur pardonnerez jamais...

Son poids et sa taille sont également des sujets d'inquiétude. A-t-il 2 centimètres de moins que le petit voisin ? vous le voyez atteint de troubles de la croissance. Chipote-t-elle sa purée de pois cassés ? vous diagnostiquez les prémices d'une anorexie mentale. Un grain de beauté sur l'omoplate ? et vous aurez les yeux rivés dessus jusqu'à son adolescence.

Les conseils de Mamy Cœur

Je vais vous dire quelque chose de politiquement incorrect, mais ça m'est égal. J'ai l'intime conviction que les Mamys n'en font jamais trop. Selon moi, elles sont là pour donner à un enfant ce surcroît d'amour et de sollicitude qui horripile ses parents mais qui lui donne, à lui, la belle assurance de ceux qui se savent adorés, protégés et donc invincibles. Alors laissez votre fille lever les yeux au ciel ou votre fils prendre son air d'homme pour vous dire que « tout va bien, Maman, ne t'inquiète pas », et vous, continuez à faire votre boulot de Mamy, à plein temps, en le dorlotant et en vous inquiétant au moindre frisson. Ça agace les parents, c'est vrai, mais l'enfant, lui, il adore...

L'indicible

Il peut malheureusement arriver qu'une véritable angoisse s'abatte sur la famille. Croisons les doigts pour en être épargnés. Il vous faut alors faire preuve d'énormément de *self-control* et ne pas laisser la terreur vous submerger. Le Papa et la Maman ont besoin de votre soutien et de votre présence discrète mais efficace pour les accompagner tout au long de l'attente de guérison de leur enfant. Même si, dans la vie courante, ils se moquent et vous rabrouent, là, dans cette panique viscérale qu'est la leur, la moindre de vos paroles rassurantes leur fera du bien. Ils s'accrocheront à votre expérience et à votre sang-froid comme à une bouée de sauvetage. Bon, mais assez parlé de ça, j'en ai la chair de poule.

La mise en apnée grand-parentale

Votre petit-enfant va grandir et chaque passage sous la toise vous éloignera un peu plus de ce merveilleux petit être potelé et gazouillant que vous pouviez serrer contre votre cœur sans qu'il vous dise que vous lui faites mal ou que vous sentez l'ail.

Gorgez-vous jusqu'à plus soif de ses premières années, de son charme et de ses câlins, car, sauf cas exceptionnel, à partir de 10 ans, des fois même 8, le ravissant poupon ou l'exquise poupée va pénétrer dans un monde peuplé de copains et de copines, de *people* idolâtrés et de marques emblématiques. Un monde où il n'y aura progressivement (mais momentanément) plus de place pour les parents et moins encore pour les grands-parents. Non pas qu'il ne vous aime plus, ça non ! Il s'agit seulement d'un passage à vide familial, paraît-il salutaire pour les préados qui ont encore un pied dans l'enfance tandis que l'autre pénètre dans la difficile adolescence.

Il ne vous semble pourtant pas vous souvenir que, dans votre jeunesse, faire la gueule en permanence, écouter de la musique à donf et vous fringuer comme des clodos vous aient aidés à vous libérer d'un carcan, au demeurant confortable, dans lequel vous étiez comme des coqs en pâte en attendant gentiment la majorité. Maintenant si. Très jeune, tout le monde commence « à se la jouer » selon l'expression du moment et vous n'échapperez pas à la lassitude évanescente d'un petit-fils aux abords de la puberté ou aux airs de star outragée de la petite future jeune fille. Comme cela risque de vous faire de la peine ou vous insupporter, je préfère vous prévenir que ce comportement accompagne le choc frontal de l'adolescence qui va vous mettre en apnée grand-parentale pendant un bon bout de temps.

Il arrive quand même durant cette longue période qui voit le garçonnet se muer en une sorte d'échassier à la voix « triolante » cloué au sol par un 42 fillette, tandis que la gamine hier encore sautillante et primesautière se transforme en un spectre anorexique et gothique, que certains grands-parents avisés et un peu opportunistes tirent leur épingle du jeu : en conflit permanent avec leur père et leur mère, incompris, et avides de liberté, les petits-enfants effectuent des immersions auprès des Papy zé des Mamy restés, grâce à la distance, en dehors des règlements de comptes. Réfugiés sur le canapé du salon, inchangés depuis leur plus jeune âge, ils viendront soulager leur révolte, cracher leur colère, invectiver les parents, les profs, la terre entière, et repartiront, sans dire merci, lestés d'un chèque ou d'un petit billet. Mieux vaut cela que pas de relations du tout, n'est-ce pas ?

Les conseils de Mamy Cœur

Zéro conseil. Chacun se débrouille comme il peut, et de toute façon, vous avez encore du temps devant vous !

Conclusion

Au bout du compte : un rôle ma-ma-gni-gni-fi-fi-que-que

Je suis triste à l'idée de vous quitter mais ne suis pas mécontente, en revanche, d'avoir pu tordre le cou de certaines idées reçues qui collent encore à l'image des grands-parents d'aujourd'hui alors qu'elles sont révolues depuis belle lurette. Ni notre place, ni nos droits, ni nos devoirs ne sont plus très clairement définis et il nous faut désormais louvoyer dans des structures familiales déglinguées pour gagner, à force de volonté mais aussi de résignation, la place qui nous revient de droit dans le cœur de notre petit-enfant.

Il n'y a pas d'amertume dans mes propos ; juste un constat qui s'inscrit dans le courant de la modernité et qui secoue pas mal le cocotier des valeurs familiales. Je vous l'ai dit : vous avez un second rôle, en or certes, mais second tout de même, qui doit toujours céder la priorité aux jeunes parents et ça, ça n'a pas changé depuis la nuit des temps. Souvenez-vous de vos révoltes intérieures lorsque votre mère ou votre belle-mère se mêlait de la façon dont vous éleviez votre premier enfant !

Alors cramponnez-vous, chers Papy zé Mamy, et ne renoncez jamais, même s'il vous semble, parfois, que vos mérites et votre générosité ne sont pas suffisamment reconnus. Ne parlez jamais d'ingratitude : c'est un mot incongru dans la mesure où ce que vous donnez n'implique pas de reconnaissance puisque la finalité de ce rôle magnifique n'est qu'amour à offrir, à recevoir, à partager. Vous avez la chance inouïe de devenir Papy ou Mamy alors que vous êtes encore jeunes. Grâce à la science, vous allez pouvoir vous en donner à cœur joie pendant de longues années. À vous le bonheur de bâtir une solide et longue relation avec ce bout de chou que vous verrez grandir, peut-être même jusqu'à son mariage, si ça existe encore, et mieux encore jusqu'à la naissance de ses propres enfants, car ça… ça existera toujours ! C'est dingue non, toutes ces années de baisers en perspective même si parfois ils font gloups au lieu de smac !

Soyez celle et celui qui inscrirez d'inoubliables histoires d'enfance à ranger dans sa mémoire d'adulte et, pour le jour où vous ne serez plus que poussière et souvenirs, faites en sorte que ces derniers lui dessinent un beau sourire nostalgique lorsque à son tour il racontera : « Moi quand j'étais petit, je me souviens que mes grands-parents me… »

Attendez, j'ai encore trois choses à vous dire !

Je pense soudain à trois conseils que j'ai failli oublier de vous donner et qui me paraissent importants.

À votre bonne santé !

Le premier a trait à votre santé, qui est, je l'espère, florissante. Malheureusement, quand on prend un peu d'âge (j'ai dit un peu…), des petites pièces se détraquent dans notre mécanique. Ai-je besoin de les énumérer ? Personne n'y échappe, mais la façon dont on vit ces désagréments dépend de sa nature, de son seuil de tolérance à la douleur, de facteurs psychosomatiques et de la qualité de sa vie. On rencontre donc souvent à partir de la cinquantaine des geignards chroniques qui se lèvent chaque matin avec un pet de travers et cassent les oreilles de tous ceux qui ont le malheur de leur dire « bonjour, comment ça va ? » et qui en prennent pour 35 minutes.

Ne soyez pas comme eux. Ou bien, si vous ne pouvez vous en empêcher, réservez ces jérémiades à votre conjoint. En revanche, épargnez-les au petit-enfant qui n'a qu'une perception très abstraite de la migraine, des rhumatismes, de la lombalgie ou du cor au pied ! À quoi vous sert-il de tricher sur votre âge et de jouer les Papy zé les Mamy *new age* si vous geignez comme des petits vieux souffreteux ? Avez-vous pensé à l'image que vous lui laisserez ? Alors, s'il vous plaît, taisez vos bobos et prenez des anti-inflammatoires, mais ne passez pas votre temps à vous plaindre en serinant toujours la même rengaine :

« Attention, tu me fais mal (au dos, au bras, au cou, au pied). Tu sais, Mamy (ou Papy) a des douleurs ; tu verras quand tu auras mon âge… Ah non, c'est pas gai de vieillir ! »

Attention aux changements

Si la nature a horreur du vide, sachez que les jeunes enfants, eux, ont horreur du changement, notamment chez leurs grands-parents ! S'ils supportent, parce qu'ils n'ont pas le choix, malgré les cicatrices que cela leur laisse, que leurs parents se séparent, adoptent la garde alternée, ou tout simplement déménagent, je peux vous dire que le moindre bouleversement chez Papy zé Mamy est vivement contesté.

Vous n'imaginez pas une seconde à quel point votre petit-enfant a répertorié et mémorisé ce qui se passe dans votre vie, sur vous et chez vous. « Quand on est vieux (c'est lui qui le dit, pas moi), on ne change plus ni de maison, ni de pays, ni de mari ou de femme. » Essayez de mettre un meuble à une autre place ou de vous coiffer différemment, et vous verrez !

Alors, si vous envisagez de devenir rousse, de partir vivre à la campagne ou sous une yourte en Mongolie, préparez le terrain ! Ne lui faites surtout pas le coup de la surprise, il serait complètement déstabilisé. En revanche, même s'il est trop jeune pour avoir une opinion, demandez-lui tout de même son avis, impliquez-le dans votre décision, donnez-lui de l'importance et il sera alors le premier à vouloir découvrir le paradis que vous lui aurez décrit.

Touche pas à mon Papy !

Enfin, si vous vous dites que, NON, vous ne passerez pas le reste de votre vie avec ce vieux schnock ronchon ou avec cette bonne femme exécrable et que OUI vous avez envie de chair fraîche, de croisière en solitaire, ou juste de tranquillité avec un chien et des bouquins dans une cabane au Canada, faites-le parce que la vie est courte, mais sachez que votre petit-enfant vous le reprochera jusqu'à la fin de ses jours.

Inutile de lui expliquer avec d'infinies précautions que son Papy et sa Mamy ne s'entendent plus et que leur séparation les rend heureux tous les deux : pour lui, c'est incompréhensible et inacceptable. Il vous aimait ensemble, un point c'est tout. Il ne peut accepter l'idée de vous voir l'un sans l'autre, même s'il trouvait que Mamy chipotait Papy tout le temps ou que Papy criait fort, des fois, après Mamy ! Pensez-y avant de prendre votre baluchon...

Et pour finir

Un petit pardon aux jeunes parents, que j'ai un peu malmenés mais qui, je l'espère, auront « entendu » par ma voix ce que beaucoup de grands-parents n'osent pas dire. « Prunelle de nos yeux, amour de notre vie, petit trésor adoré » ne sont pas juste des mots lâchés au-dessus d'un berceau, mais l'expression de tout l'amour que nous portons à ce petit-fils ou à cette petite-fille, Premiers de la nouvelle lignée. Alors, s'il vous plaît, ne l'oubliez pas, car si vous êtes pour toujours les valeurs essentielles de votre enfant, juste après, un peu en dessous, il y a nous !

Préparation : 30 minutes

Pour 5/6 personnes

1 casserole

1 poêle

1 écumoire

Ingrédients pour la crème et la neige

4 œufs

50 cl de lait entier

180 g de sucre semoule

sel

Ingrédients pour le caramel

80 g de sucre semoule

quelques gouttes de citron

La crème

Versez le lait entier froid dans une casserole et faites-le bouillir. Retirez-le du feu dès les premiers bouillons pour qu'il ne prenne pas un goût de brûlé. Laissez-le refroidir 15 minutes. Séparez les blancs des jaunes. Mettez les blancs dans un saladier et les jaunes dans une casserole en y ajoutant 60 g de sucre. Fouettez vigoureusement pour que le mélange blanchisse. Ajoutez alors lentement le lait tiède en remuant sans cesse avec une cuillère en bois.

Posez la casserole sur feu doux et faites cuire cette crème sans cesser de mélanger jusqu'à ce qu'elle nappe la spatule. Versez ensuite dans une jolie coupe en verre transparent (oui, c'est ce que je préfère !).

La neige

Commencez par remplir d'eau une large poêle et faites-la chauffer à feu doux. Pendant ce temps, battez les blancs en neige en y ajoutant une pincée de sel, puis le reste du sucre en poudre. Les œufs doivent être très fermes !

À l'aide d'une petite louche ou d'une cuillère à glace, prélevez les blancs et plongez-les délicatement dans l'eau chaude. Laissez-les cuire 1 minute de chaque côté, puis retirez-les à l'aide d'une écumoire et posez-les sur un torchon. Laissez refroidir, puis mettez ces superbes masses luisantes et neigeuses sur la crème. Personnellement, je n'aime pas qu'elles soient trop régulières et préfère qu'elles ressemblent à de gros icebergs.

Le caramel

Versez le sucre dans une petite casserole en ajoutant quelques gouttes de citron. Laissez-le blondir sur feu doux et, lorsqu'il frétille dans la casserole, répartissez-le sur les blancs, par petites touches.

C'est la recette traditionnelle. Pour la recette de ma Mamy, il convient d'ajouter quelques gouttes d'amande amère, ainsi que des pralines écrasées dans la crème pour qu'elles viennent craquer sous la dent en même temps que glissent voluptueusement les grosses bouchées de neige fondante enveloppées de crème onctueuse...

Bonne chance !

Après l'avenir, le passé : focus arrière sur les arrière-grands-parents

Partis comme vous l'êtes, si un nouveau virus grippal ne vous extermine pas, si vous avez arrêté de fumer depuis trente ans et si vous pratiquez une coloscopie tous les trois ans, un jour viendra où vous serez nommés « arrière-grands-parents ». Cela ne vous fait peut-être pas rêver mais, le moment venu, vous serez quand même contents d'y arriver, sous réserve de tenir encore debout et de ne pas avoir le cerveau trop endommagé !

Avant de refermer ce guide, arrêtons-nous donc un instant sur ces arrière-grands-parents, débutants eux aussi, pour lesquels vous et votre nouvelle petite famille allez devoir découvrir le mode d'emploi, pas si évident que ça.

Un arrière-grand-parent est généralement seul, le plus souvent du sexe féminin (la longévité de l'homme est amputée de quelques années par rapport à celle de la femme). Grâce aux avancées de la gérontologie, il n'est pas rare qu'il atteigne les 85/90 ans, sans parler des centenaires de plus en plus nombreux. Dans le meilleur des cas, il vit dans un petit appartement entouré de ses souvenirs sépia posés sur des napperons en dentelle et protégé du monde derrière des rideaux qui lui viennent de sa mère. Sinon, il avance à petits pas à heures fixes vers la salle à manger d'une maison de retraite plus ou moins joliment entourée d'un parc arboré selon le montant de sa retraite et celui de votre contribution. Mais quel que soit l'endroit, une même question lui revient lorsque vous achevez votre visite : « Et maintenant, quand est-ce que je te reverrai ? »

Oui, la principale raison de « vivre encore » d'un arrière-grand-parent est de vous attendre. Il se fiche pas mal de la robe de chambre bien chaude ou de la boîte de bêtises de Cambrai (molles à cause de ses dents) que vous lui offrez ; ce qu'il veut, lui, c'est Vous, pour respirer une bouffée de vie et montrer à sa voisine ou aux autres pensionnaires que ses enfants ne l'ont pas abandonné, et que, lui, il a des visites. Lorsque, toute fiérote, bravant la crainte d'une quelconque contagion et la proximité de la mort en sursis, vous vous décidez à lui présenter son premier arrière-petit-enfant, ne vous attendez pas à des débordements d'amour et d'admiration. Les grands vieillards ne s'intéressent plus à grand-chose hormis leur santé, leur télé et les souvenirs que votre présence ravive. Tout au plus l'arrière-grand-parent lui trouvera une ressemblance avec un vague cousin et le gratifiera d'un guili-guili sous le menton pour lui faire faire risette, mais il craindra de le prendre dans ses bras qui n'ont plus la force de porter grand-chose. Il est bien rare que la passion naisse entre des générations si lointaines, mais n'est-ce pas dû au fait qu'à un âge avancé on craigne peut-être de tisser des liens bien trop fragilisés par le temps qui reste ?

Ne tenez donc pas rigueur à votre vieille maman ou à votre vieux papa de ce comportement. Dans son cœur, encombré d'une longue vie d'amours, de joies et de peines, cet arrière-petit-enfant mignonnet n'a plus beaucoup de place, sinon celle d'une tendresse amusée qui éclairera son visage d'un sourire mélancolique. N'abandonnez pas, pour autant, les visites régulières avec le petit ou la petite : elles font énormément de bien à la vieille personne même si vous la sentez fatiguée ou agacée par ce touche-à-tout qui renverse les verres, gesticule et tripote les photos. Son moral et sa survie dépendent en partie de ces bribes de jeunesse qui viennent animer sa torpeur (ou son existence végétative). Si le tout jeune enfant risque de ne pas se souvenir de ces moments passés avec son aïeul(e), sachez qu'ils participent pourtant à la construction de son histoire familiale et que plus tard, en feuilletant ce vieil album de photos que vous vous obstinez à constituer, malgré le numérique, il aura une douce émotion en retrouvant cette bonne-maman ou ce bon-papa dont il porte peut-être le prénom en troisième place sur son acte de naissance !

Les conseils de Mamy Cœur

L'anniversaire de la vieille dame ou du vieux monsieur constitue la meilleure opportunité pour réunir la famille et organiser une petite fête autour de son fauteuil, roulant ou pas. Là non plus, ne vous attendez pas à des débordements de joie de sa part, mais vous n'êtes pas non plus à l'abri d'une larme qui franchirait la barrière de sa cataracte pour vous bouleverser au moment du gâteau.

On s'imagine toujours que le grand âge est porteur d'une infinie tristesse et du douloureux regret de ce qui ne sera plus : moi, je crois que les émotions s'émoussent avec le temps, que l'on vit en sourdine, calfeutré dans un présent souvent difficile pour le corps, et que ce que l'on croit être de la tristesse est plutôt une tranquille (et un peu égoïste) mise à l'écart des émotions perturbantes.

Mais peut-être est-ce pour me rassurer !

Quiz

Et que diriez-vous d'un petit quiz ?

C'est vrai, ça : on achète un guide des Papy zé Mamy débutants, on s'y plonge, on y apprend plein de choses, on ne voit pas le temps passer, et hop ! le mot fin saute brutalement au visage. Dans la mesure où j'ai essayé de vous dorloter depuis la première page, j'irai au bout de ma mission en vous offrant ce gentil petit quiz bonus qui va vous aider à me quitter en douceur tout en procédant à un état des lieux sur vos connaissances. Rien ne vaudra cette autoévaluation sans concession pour vous rendre compte du chemin parcouru, et de celui qu'il vous reste peut-être à faire pour devenir des grands-parents au top niveau. Découvrez quelle appréciation vous mériteriez sur votre carnet de notes à l'école des Papy zé Mamy :

1. « Félicitations ! »

2. « Des progrès, mais peut mieux faire. »

3. « Élève dissipé, doit se reprendre. »

Vous allez donc devoir répondre honnêtement par *oui*, *peut-être* ou *non* à des questions qui ne vous avaient pas effleurés jusqu'à ce jour mais qui, dans les premières années de votre petit-enfant, se poseront à vous soudainement, et impérativement, que vous soyez le Papy ou la Mamy.

Prêts ? Top départ.

Question 1

Savez-vous précisément ce qu'est un Happy Meal® ?

RÉPONSE PAPY

☐ oui ☐ peut-être ☐ non

RÉPONSE MAMY

☐ oui ☐ peut-être ☐ non

Question 2

Sans réfléchir, pouvez-vous donner le prénom de votre arrière-petit-cousin, du côté de votre mère ?

RÉPONSE PAPY

☐ oui ☐ peut-être ☐ non

RÉPONSE MAMY

☐ oui ☐ peut-être ☐ non

Question 3

Savez-vous quelle est la classe qui précède le CM1 ?

RÉPONSE PAPY

☐ oui ☐ peut-être ☐ non

RÉPONSE MAMY

☐ oui ☐ peut-être ☐ non

Question 4

Savez-vous ce qu'est un manga ?

RÉPONSE PAPY

☐ oui ☐ peut-être ☐ non

RÉPONSE MAMY

☐ oui ☐ peut-être ☐ non

Question 5

Connaissez-vous la pointure moyenne d'un enfant de 14 mois ?

RÉPONSE PAPY

☐ oui ☐ peut-être ☐ non

RÉPONSE MAMY

☐ oui ☐ peut-être ☐ non

Question 6

Savez-vous quelle est la couleur du bonnet de Oui-Oui ?

RÉPONSE PAPY

☐ oui ☐ peut-être ☐ non

RÉPONSE MAMY

☐ oui ☐ peut-être ☐ non

Question 7

Donne-t-on de la viande moulinée à un enfant de 10 mois ?

RÉPONSE PAPY

☐ oui ☐ peut-être ☐ non

RÉPONSE MAMY

☐ oui ☐ peut-être ☐ non

Question 8

Vous souvenez-vous de ce que signifie RGO ?

RÉPONSE PAPY

☐ oui ☐ peut-être ☐ non

RÉPONSE MAMY

☐ oui ☐ peut-être ☐ non

Question 9

Connaissez-vous le nombre de positions d'une tétine actuelle ?

RÉPONSE PAPY

☐ oui ☐ peut-être ☐ non

RÉPONSE MAMY

☐ oui ☐ peut-être ☐ non

Question 10

Si elle existait toujours, oseriez-vous, en cachette des parents, inscrire votre petit-enfant à « L'école des fans » ? (Indice : c'est une émission TV.)

RÉPONSE PAPY

☐ oui ☐ peut-être ☐ non

RÉPONSE MAMY

☐ oui ☐ peut-être ☐ non

Question 11

Depuis le jour de sa naissance jusqu'à aujourd'hui, l'avez-vous gardé au moins 15 fois ?

RÉPONSE PAPY

☐ oui ☐ peut-être ☐ non

RÉPONSE MAMY

☐ oui ☐ peut-être ☐ non

Question 12

Franchement, avez-vous pensé très fort que votre fille (ou belle-fille) était une sale petite conne (oh, pardon !) le jour où elle vous a bien fait comprendre que vous n'aviez pas à vous mêler de l'éducation de son enfant...

RÉPONSE PAPY

☐ oui ☐ peut-être ☐ non

RÉPONSE MAMY

☐ oui ☐ peut-être ☐ non

Question 13

Et vous êtes-vous résigné(e) à ne rien dire ?

RÉPONSE PAPY

- [ ] oui
- [ ] peut-être
- [ ] non

RÉPONSE MAMY

- [ ] oui
- [ ] peut-être
- [ ] non

Question 14

Connaissez-vous la différence entre un iPod et un podcast ?

RÉPONSE PAPY

- [ ] oui
- [ ] peut-être
- [ ] non

RÉPONSE MAMY

- [ ] oui
- [ ] peut-être
- [ ] non

Question 15

Seriez-vous très contrarié voire écartelé si vous deviez choisir entre la finale de la Coupe de l'UEFA ou un épisode de Joséphine, ange-gardien et une soirée de baby-sitting ?

RÉPONSE PAPY

- [ ] oui
- [ ] peut-être
- [ ] non

RÉPONSE MAMY

- [ ] oui
- [ ] peut-être
- [ ] non

Question 16

Avez-vous une vague idée du nombre de mesurettes de lait en poudre qu'il faut ajouter à 150 ml d'eau pour faire un biberon digne de ce nom ?

RÉPONSE PAPY

- [ ] oui
- [ ] peut-être
- [ ] non

RÉPONSE MAMY

- [ ] oui
- [ ] peut-être
- [ ] non

Question 17

Connaissez-vous par cœur la suite du célèbre vers : « Lorsque l'enfant paraît, le cercle de famille... »

RÉPONSE PAPY

☐ oui ☐ peut-être ☐ non

RÉPONSE MAMY

☐ oui ☐ peut-être ☐ non

Question 18

Pourriez-vous citer des noms de super-héros admirés-idolâtrés par les petits garçons et de super-héroïnes adorées-chéries par les petites filles d'aujourd'hui ?

RÉPONSE PAPY

☐ oui ☐ peut-être ☐ non

Précisez :

pour les filles ....

pour les garçons ....

RÉPONSE MAMY

☐ oui ☐ peut-être ☐ non

Précisez :

pour les filles ....

pour les garçons ....

Question 19

Le soir, vous sentez-vous capable de raconter une histoire sans vous assoupir en même temps que l'enfant, au bout de quelques minutes ?

RÉPONSE PAPY

☐ oui ☐ peut-être ☐ non

RÉPONSE MAMY

☐ oui ☐ peut-être ☐ non

Question 20

Tenez-vous absolument à vous faire appeler Papy ou Mamy ?

RÉPONSE PAPY

☐ oui ☐ peut-être ☐ non

RÉPONSE MAMY

☐ oui ☐ peut-être ☐ non

Ou avez-vous un autre nom qui vous tient à cœur ?

RÉPONSE PAPY

☐ oui ☐ peut-être ☐ non

Si oui, précisez lequel :

....

....

....

RÉPONSE MAMY

☐ oui ☐ peut-être ☐ non

Si oui, précisez lequel :

....

....

....

Résultats

Vous avez « tout bon » :

On ne me la fait pas, à moi : vous avez sûrement triché.

Vous avez plus de 15 OUI :

Chapeau bas : aucun de mes conseils ne vous a échappé, vous êtes au top niveau et prêts à entamer une grande carrière de super Papy zou Mamy.

Vous avez entre 10 et 15 OUI :

Relisez un ou deux chapitres, mes conseils peuvent encore faire du profit. Prenez quelques notes et conseils auprès de vos amis grands-parents dont le score est meilleur que le vôtre. Encore un petit effort, et la glorieuse couronne de super Papy zé Mamy est à vous !

Vous avez moins de 10 OUI :

Vous avez commencé par la fin, et fait le quiz avant de lire le livre, n'est-ce pas ? Sinon, on a encore du pain sur la planche. Mais ne vous découragez pas, l'amour fait des miracles, et transforme même les plus incompétents en Papy zé Mamy épatants !

Solutions

Réponse 1

Le Happy Meal® est le repas-culte des enfants chez McDo®.

Réponse 2

C'est à vous de trouver.

Réponse 3

Avant la classe de CM1 (cours moyen 1re année), il y a le CE2 (cours élémentaire 2e année).

Réponse 4

Un manga est une bande dessinée japonaise.

Réponse 5

À 14 mois un enfant chausse environ du 22/23 mais vous avez de la chance : il n'y a pas de règle absolue.

Réponse 6

Oui-Oui a un bonnet bleu. Si-si !

Réponse 7

Oui, un enfant de 10 mois mange de la viande. La diversification commence vers l'âge de 6 mois.

Réponse 8

RGO est l'abréviation de reflux gastro-œsophagien. Vous en entendrez souvent parler, surtout si l'enfant est au lait maternisé.

Réponse 9

Les tétines actuelles ont 3 positions.

Réponses 10-11-12-13

Là, c'est à vous de voir.

Réponse 14

Un iPod est une marque de baladeur numérique. Si vous avez répondu « un machin pour écouter de la musique dans la rue », vous avez bon quand même.

Un podcast est un fichier audio ou vidéo qu'on peut télécharger vers un iPod. Vous pensiez à autre chose ?

Réponse 15

Je ne me permettrais pas de répondre à votre place !

Réponse 16

Il faut 1 mesurette de lait maternisé pour 30 ml d'eau. Donc 5 mesurettes pour 150 ml d'eau.

Réponse 17

Voilà une belle occasion de relire ce magnifique poème en entier :

Victor Hugo

« Lorsque l'enfant paraît »

écrit en mai 1830

Lorsque l'enfant paraît, le cercle de famille
Applaudit à grands cris ; son doux regard qui brille
Fait briller tous les yeux,
Et les plus tristes fronts, les plus souillés peut-être,
Se dérident soudain à voir l'enfant paraître,
Innocent et joyeux.
Soit que juin ait verdi mon seuil, ou que novembre
Fasse autour d'un grand feu vacillant dans la chambre
Les chaises se toucher,
Quand l'enfant vient, la joie arrive et nous éclaire.
On rit, on se récrie, on l'appelle, et sa mère
Tremble à le voir marcher.
Quelquefois nous parlons, en remuant la flamme,

De patrie et de Dieu, des poètes de l'âme
Qui s'élève en priant ;
L'enfant paraît, adieu le ciel et la patrie
Et les poètes saints ! la grave causerie
S'arrête en souriant.
La nuit, quand l'homme dort, quand l'esprit rêve, à l'heure
Où l'on entend gémir, comme une voix qui pleure,
L'onde entre les roseaux,
Si l'aube tout à coup là-bas luit comme un phare,
Sa clarté dans les champs éveille une fanfare
De cloches et d'oiseaux !
Enfants, vous êtes l'aube et mon âme est la plaine
Qui des plus douces fleurs embaume son haleine
Quand vous la respirez ;
Mon âme est la forêt dont les sombres ramures
S'emplissent pour vous seuls de suaves murmures
Et de rayons dorés !
Car vos beaux yeux sont pleins de douceurs infinies,
Car vos petites mains, joyeuses et bénies,
N'ont point mal fait encor ;
Jamais vos jeunes pas n'ont touché notre fange ;
Tête sacrée ! enfant aux cheveux blonds ! bel ange
À l'auréole d'or !
Vous êtes parmi nous la colombe de l'arche.
Vos pieds tendres et purs n'ont point l'âge où l'on marche ;
Vos ailes sont d'azur.
Sans le comprendre encor, vous regardez le monde.
Double virginité ! corps où rien n'est immonde,
Âme où rien n'est impur !
Il est si beau l'enfant, avec son doux sourire,
Sa douce bonne foi, sa voix qui veut tout dire,

Ses pleurs vite apaisés,
Laissant errer sa vue étonnée et ravie,
Offrant de toutes parts sa jeune âme à la vie
Et sa bouche aux baisers !
Seigneur ! préservez-moi, préservez ceux que j'aime,
Frères, parents, amis, et mes ennemis même
Dans le mal triomphants,
De ne jamais voir, Seigneur ! l'été sans fleurs vermeilles,
La cage sans oiseaux, la ruche sans abeilles,
La maison sans enfants !

Les Feuilles d'automne, XIX, 1831.

Réponse 18

Les super-héroïnes chéries-adorées par les filles sont : Barbie, mais ça c'était facile, Dora l'exploratrice, et pour les plus calés, les Winx.

Les super-héros admirés-idolâtrés par les garçons sont : Spider-man, Superman, Actionman, Batman et... Ronaldino.

Réponse 19

Et bien non, je n'ai pas la bonne réponse... Mais si vous ronflez, comptez sur votre petit-enfant pour vous réveiller en fanfare !

Réponse 20

Il n'y a pas de honte à se faire appeler Papy zé Mamy !

Index